Themenbände Ethik/Religion

Mensch + Digitalisierung

Religiöse und ethische Grundfragen kontrovers und schülerzentriert

Christoph Dröge

Cornelsen

Der Autor

Christoph Dröge unterrichtet Spanisch und Katholische Religionslehre an einem Gymnasium in Hamm (Nordrhein-Westfalen). Zudem ist er für den Cornelsen Verlag als Referent und Autor mit weiteren Veröffentlichungen im Bereich „Digitale Medien im Unterricht und in der Schule“ tätig.

Projektleitung: Hannah K. Feyen
Redaktion: Doreen Wilke, Berlin
Umschlagkonzept/-gestaltung: Ungermeyer, Berlin
Umschlagfoto: Shutterstock.com/Pogorelova Olga
Technische Umsetzung: krauß-verlagsservice, Ederheim/Hürnheim

www.cornelsen.de

1. Auflage 2020

Druck: H. Heenemann, Berlin

ISBN 978-3-589-16672-5

PEFC/04-31-1156

PEFC zertifiziert
Dieses Produkt stammt aus nachhaltig bewirtschafteten Wäldern und kontrollierten Quellen.

www.pefc.de

Inhalt

Vorwort

In diesem Themenheft finden Sie verschiedene Anregungen und Materialien zum Thema **Mensch und Digitalisierung**. Die Digitalisierung gehört zu den aktuellen Themen, die nicht nur Auswirkungen auf den Alltag der Menschen sowie auf gesellschaftliche Entwicklungen haben, sondern auch eine zentrale Rolle im Bildungswesen und in der Schule spielen. Gegenwärtige Forderungen der Vermittlung und Förderung von Medienkompetenz der Schülerinnen und Schüler (nachfolgend: SuS) rücken vermehrt in den Fokus und halten Einzug in den Unterrichtsalltag und in die entsprechenden Vorgaben. Das Thema ist sehr komplex und bietet zahlreiche Möglichkeiten für die Integration in den Schulunterricht, bei der Sie dieser Band unterstützen möchte. Gleichermaßen ist es ein Thema, das ein hohes Maß an Lebensweltbezug, Aktualität und Schnelllebigkeit mit sich bringt und bei Jugendlichen auf großes Interesse stößt. Dafür werden verschiedene Aspekte der Digitalisierung berücksichtigt.

Die insgesamt drei Kapitel sind thematisch sortiert: Das *erste Kapitel* betrachtet den Begriff der Digitalisierung und legt einen Schwerpunkt auf den Alltag der Menschen sowie auf Auswirkungen auf die Gesellschaft. Das Smartphone als typisches Gerät steht dabei im Vordergrund. Im *zweiten Kapitel* wird das Thema aus verschiedenen Perspektiven betrachtet – ethisch, religiös sowie philosophisch. Zudem wird das aufkommende Teilthema der Künstlichen Intelligenz kritisch reflektiert. Im *dritten Kapitel* werden mögliche Gefahren der Digitalisierung aufgeführt; sie bieten Anlass für vielfältige und kontroverse Behandlung im Unterricht.

Allen Kapiteln liegt dabei ein identischer Aufbau zugrunde: Neben einer ausführlichen Übersicht für Sie als Lehrkraft, in der Sie grundlegende Informationen zum jeweiligen Thema sowie wichtige Hinweise und Ideen für die Gestaltung des Unterrichts finden, wird auf passende Kopiervorlagen (nachfolgend: KV) verwiesen. Diese finden Sie jeweils am Ende eines jeden Kapitels.

Aufgrund der erwähnten Schnelllebigkeit sowie der damit verbundenen hohen Frequenz an Erneuerungen und Änderungen im Bereich der Digitalisierung sind viele Unterrichtsvorhaben so angelegt, dass zunächst kleinere Recherchearbeiten erforderlich sind, sodass jeweils passende sowie aktuelle Ergebnisse als Grundlage zur produktiven Weiterarbeit gewährleistet sind. Da die SuS und ihre Lebenswelt im Fokus dieses Themenheftes stehen, werden diese an allen Stellen stets aktiv miteinbezogen und sind beispielsweise dazu angehalten, sich persönlich zu diversen Fragestellungen zu äußern. So bieten sich vielfältige Möglichkeiten zum Dialog, zu kontroversen Diskussionen sowie zu vielfältigen Perspektiven, die einen Blick auf die zunehmend digitale Zukunft wagen.

Beim gemeinsamen Unterricht wünsche ich Ihnen und Ihrer Lerngruppe eine gute Zeit!

Christoph Dröge

Bedeutung der Symbole:

- Kopiervorlage
- Aufgaben
- Idee
- Achtung!

1. Themenfeld: Die Digitalisierung – Ein aktuelles Thema, das uns betrifft

Digitalisierung von Alltag und Gesellschaft

Hinweise für Lehrkräfte

Der Begriff **„Digitalisierung"** erlebt aktuell eine Hochkonjunktur. Er spielt in vielen Bereichen des Alltags eine Rolle und wird etwa in der Politik, der Presse und auch im Bildungswesen mit unterschiedlichen Intentionen verwendet. Zunächst einmal handelt es sich dabei um einen Prozess, der analoge Werte in digitale transformiert und als Daten verfügbar macht. Dieser Vorgang ist mit vielfältigen technologischen Entwicklungen verknüpft. Recherchiert man den Begriff „Digitalisierung", so findet sich eine Vielzahl an Definitionen. Häufig stößt man dabei auch auf den Terminus „Digitale Revolution", der einen enormen, weltweiten Umbruch durch die Digitalisierung propagiert. Dies erinnert an die *Industrielle Revolution*, die beginnend im 18. Jahrhundert komplexe Veränderungen im Leben und vor allem in der Arbeitswelt der Menschen der damaligen Zeit hervorgerufen hat. In allen Fällen werden dem Begriff der Digitalisierung sowohl ein großes Potential zur Optimierung sowie verschiedene Gefahren dieses Prozesses zugeschrieben. Befürworter und Skeptiker gab es auch bei anderen komplexen Veränderungsprozessen in der Geschichte (Erfindung der Schrift, des Buchdrucks ...), ehe diese sich mit der Zeit in den Alltag integriert haben und heutzutage als völlig selbstverständlich erachtet werden.

An dieser Stelle setzt auch eine Problematik an, die sich für jüngere und zukünftige Generationen ergeben kann: Häufig werden die gegenwärtigen SuS als *digital natives* bezeichnet, für die die aktuellen Entwicklungen keine Revolution bedeuten, sondern die sie als „normal" ansehen. Da sie damit aufwachsen, hinterfragen sie die Veränderungsprozesse möglicherweise nicht oder gehen damit zumindest anders um als ältere Menschen, die noch „die Zeit davor" kennengelernt haben und daher die aktuellen Entwicklungen als einschneidender erleben dürften. Zudem kann man davon ausgehen, dass von vielen Jugendlichen eine Trennung zwischen „analoger Realität" und „digitaler Welt" nicht (mehr) trennscharf vorgenommen werden kann, da beide ineinander verwoben sind.

Inwieweit die Digitalisierung den Alltag der Menschen und gesellschaftliche Strukturen beeinflussen wird, kann auch zum aktuellen Zeitpunkt teilweise nur erahnt werden. Daher sollten Sie als Lehrkraft die (zukünftigen) Prozesse der Digitalisierung immer neugierig, aber auch kritisch begleiten und mit Ihren SuS thematisieren. Die Digitalisierung bietet sicherlich viel Potential für den Unterricht und den schulischen Alltag, aber sie dürfte weiterhin auch für Diskussionen sorgen. Dass Ihre SuS zu diesem Thema einen anderen Zugang haben als Sie, sollten Sie nicht als Problem, sondern vielmehr als Chance für einen produktiven Austausch auf Augenhöhe und für einen Unterricht mit hohem Lebensweltbezug sehen.

Aufgaben

KV 1, S.17

Die SuS machen sich zunächst mit wichtigen Erfindungen in der Geschichte vertraut, sodass sie die gesellschaftliche Wahrnehmung der Digitalisierung und deren Bedeutung nachvollziehen können.

Lösung der Zuordnungsaufgabe:
> **1450**: 7/ **1623**: 2/ **1783**: 4/ **1802**: 5/ **1826**: 6/ **1835**: 9/ **1861**: 1/ **1885**: 3/ **1927**: 8/ **1941**: 11/ **1991**: 10

Idee: Sie können die einzelnen Ereignisse durch die SuS in Form von (kurzen) Referaten thematisieren lassen.

KV 2, S. 18

Angesichts der erwähnten Annahme, dass die SuS das Thema anders wahrnehmen als Sie als Lehrkraft, sollten Sie zunächst einmal die Lernausgangslage (LAL) eruieren, damit Sie einen Eindruck vom Vorwissen der SuS bekommen und genauer einschätzen können, was der Begriff „Digitalisierung" für die SuS bedeutet. Die Ergebnisse können gut mithilfe einer *Mind-Map* gebündelt werden, da sich verschiedene Kategorien mit entsprechenden Unterbereichen anbieten. Möglicherweise können Sie als Lehrkraft die Struktur ein Stück weit festlegen, indem Sie den SuS Stichworte zur Sortierung vorgeben. Diese könnten beispielsweise lauten:
Gesellschaft – Kommunikation – Arbeitsleben – Alltag – Schule – Medien – Wirtschaft – Politik

KV 3, S. 19

Konkrete Beispiele für Veränderungen, die sich mit der Zeit ergeben haben, sollen für ein besseres Verständnis sorgen, da sie besonders anschaulich sind, sich von vergleichsweise theoretischen Überlegungen abheben und einen einfachen Zugang für die SuS darstellen dürften.

Idee: Sie können die SuS zu den Beispielen recherchieren lassen. Oder Sie bitten die SuS, mit ihren Eltern, Großeltern etc. über dieses Thema zu sprechen, da diese authentisch von Veränderungen und „der Zeit davor" berichten können.

KV 4, S. 20

Die SuS notieren konkrete Aspekte der Digitalisierung in ihrem Alltag. Dabei geht es um Technik, die sie selbst besitzen bzw. benutzen, aber auch das familiäre sowie weitere Umfeld sowie Wünsche der SuS werden berücksichtigt. Darüber hinaus gibt es eine Auflistung von Beispielen als Grundlage.

Perspektiven zur Digitalisierung

Hinweise für Lehrkräfte

Egal, wen Sie zur Digitalisierung und zu den Digitalen Medien befragen, Sie werden immer unterschiedliche Meinungen hören. Einerseits werden diese sehr positiv ausfallen und gute Erfahrungen und Vorteile rückmelden, andererseits dürften auch kritische Aspekte und negative Erlebnisse angesprochen werden.

Dies spiegelt eine jeweils individuelle Perspektive wider, die von verschiedenen Faktoren wie der familiären Sozialisierung, dem eigenen Werteempfinden, guten oder schlechten Erfahrungen und sicherlich auch dem Alter geprägt ist. Wenn Sie einmal selbst in sich hineinhorchen oder mit Ihrer Familie, Freunden, Kolleginnen und Kollegen oder auch Ihren SuS über das Thema Digitalisierung sprechen, dann sind ebensolche vergleichsweise gegensätzliche Positionen zu erwarten.

Auf den Kopiervorlagen 5 und 6 finden Sie und Ihre SuS fiktive Stellungnahmen, die einerseits positive und andererseits negative Haltungen offenbaren. Sie basieren auf typischen Äußerungen, wie sie einem im Alltag begegnen können. An manchen Stellen ist auch ein *Perspektivwechsel* nötig, da die Meinung einer fremden Person selbstverständlich nicht die eigene widerspiegeln muss – was für mich positiv ist, kann für eine andere Person als negativ gelten und umgekehrt. Diese Stellungnahmen sollen als Ausgangslage für spannende und vielfältige Diskussionen dienen und den eigenen Horizont erweitern, indem sie neue Perspektiven aufzeigen und dadurch die eigene Wahrnehmung auf den Prüfstand stellen.

Aufgaben

KV 5, S.21/ KV 6, S.22

Die SuS lesen sich die Stellungnahmen durch und werden sich währenddessen gedanklich sicherlich schnell in Position setzen können – zustimmend oder ablehnend. Anschließend sollen sie sich (jeweils) eine Stellungnahme aussuchen und zu dieser (kritisch) ihre Meinung äußern.

Ideen:

- Sie können den SuS beide KV vorlegen und sie bitten, sich sowohl zu den negativen als auch zu den positiven Stellungnahmen zu äußern. Es bietet sich jedoch ebenso an, die SuS entsprechend den KV in zwei Gruppen aufzuteilen.
- Bei einem Vorgehen, das viele verschiedene Meinungen erwarten lässt, kann man auch gut mit der Methode der *Meinungslinie* arbeiten. Hierbei können Sie als Lehrkraft eine Auswahl treffen und anschließend einzelne Aussagen der gesamten Lerngruppe präsentieren. Vorher kennzeichnen Sie zwei Punkte im Klassenraum (idealerweise mit einer großen räumlichen Distanz wie beispielsweise zwei gegenüberliegende Wände) mit zwei Symbolen oder Aussagen („Daumen hoch“ bzw. „Daumen runter“ oder „Ich stimme voll zu!“ bzw. „Ich stimme überhaupt nicht zu!“).

Wenn Sie nun eine einzelne Stellungnahme präsentieren, bitten Sie Ihre SuS, sich auf der imaginären Linie zwischen den beiden Extrempolen räumlich zu positionieren. Auch Abstufungen sind dabei möglich, indem sich eine Person eher in die eine oder in die andere Richtung stellt, ohne sich direkt am Endpunkt zu positionieren. Eine Verortung in der Mitte ist ebenfalls möglich, wenn jemand unentschieden bzw. hin- und hergerissen ist.

Ein Vorteil bei dieser Methode gegenüber einer schriftlichen Äußerung ist, dass das Vorgehen deutlich dynamischer ist, alle SuS gleichermaßen aktiviert sind und auch zurückhaltende SuS besser eingebunden werden. Außerdem bekommen alle Anwesenden unmittelbar einen guten Eindruck von der Verteilung der Meinungen.

Detaillierte Aussagen, wie sie bei einer schriftlichen Äußerung wahrscheinlicher sind, können Sie im Unterrichtsgespräch eruieren, indem Sie einzelne SuS bitten, ihre jeweilige Position auf der Meinungslinie zu begründen. Auch gegensätzliche Verortungen der SuS lassen sich im Dialog als Grundlage für weiterführende Gespräche schnell für den Unterricht ermitteln.

Je nach Lerngruppe können auch SuS die Rolle des Moderators übernehmen, sodass Sie sich als Lehrkraft noch ein Stück mehr zurücknehmen und sich auf die Rolle des Beobachters beschränken können. Dann greifen Sie nur bei Bedarf ein, etwa um vertiefende Rückfragen zu stellen.

Meinungslinie

Bei dieser Methode geht es darum, dass du dich zu einer Aussage oder Frage positionierst, indem du dich auf einer imaginären Linie verortest. Dabei kannst du dich entweder auf eine der beiden Seiten ganz an den Rand stellen (z.B. wenn du vollkommen zustimmst oder vollkommen dagegen bist), oder du stellst dich auf der Linie zwischen den beiden Extrempolen auf. Hierbei kannst du dich eher einer bestimmten Seite zuordnen, wenn du dich in die Nähe eines Extrempols stellst, oder du stellst dich in die Mitte, wenn du unentschieden bist.

Wenn die Lehrkraft oder ein Mitglied der Klasse/des Kurses eine Aussage oder eine Frage in den Raum stellt, überlege dir deine Position sowie eine Begründung hierfür. Du kannst dich auch spontan entscheiden, indem du auf dein Bauchgefühl hörst.

Das Smartphone – Ein „digitales Taschenmesser“

Hinweise für Lehrkräfte

Nahezu jeder kennt es und immer mehr Menschen aller Generationen benutzen es: ein *Smartphone*. Ein kleines, etwa handgroßes Gerät, das vor gut einem Jahrzehnt noch sehr futuristisch daherkam, hat mittlerweile den Weg in die Hosentasche vieler Menschen gefunden. Es ist eine Art Mini-Computer mit vielfältigen Funktionen, der etliche Möglichkeiten der Nutzung bietet und darüber hinaus durch diverses Zubehör ergänzt werden kann. Ähnlich wie ein Computer ist das Smartphone softwarebasiert und kann durch weitere kostenlose oder kostenpflichtige *Apps* (Kurzform von Applikation) an die individuellen Bedürfnisse angepasst werden. Es gibt verschiedene Hersteller (zum Beispiel Apple oder Samsung) und entsprechende Betriebssysteme (zum Beispiel iOS oder Android) – der Kunde kann aus einer großen Vielfalt unterschiedlicher Preisklassen wählen.

Da es eine Weiterentwicklung des Handys ist, kann man mit einem Smartphone zunächst einmal telefonieren und SMS versenden. Wenn zusätzlich eine Option für die mobile Internetnutzung im Mobilfunktarif enthalten ist, bietet es einen Internetzugang an, der für viele Apps eine grundlegende Voraussetzung ist. Aber auch ohne Internet kann man das Smartphone nutzen, indem man damit etwa Fotos oder Videos aufnimmt, Kontakte verwaltet oder Notizen anfertigt. Es ist zu einem Gerät geworden, das sich im Laufe der Zeit immer mehr in den Alltag integriert hat, und wenn Sie einmal überlegen, dann werden Sie vermutlich kaum jemanden kennen, der kein Smartphone besitzt. Vor allem für Jugendliche ist es ein treuer und wichtiger Begleiter – häufig sieht man sie mit dem Gerät in der Hand, und sie scheinen etliche Stunden damit zu verbringen. Ob sie jedoch wissen, welche technologischen Entwicklungen hinter einem Smartphone stecken und was es alles kann, ist fraglich. Aus der Sicht eines Erwachsenen, der noch „die Zeit davor“ kennt, ist die Bedeutung vielleicht eher nachvollziehbar. Schließlich vereint es die Funktionen von diversen Geräten, die zuvor noch separat benutzt wurden und nun im Sinne einer Medienkonvergenz in einem einzelnen Gerät zusammenfließen. Auf der Kopiervorlage 7 (siehe unten) finden sich Beispiele für Funktionen, die das Smartphone seinen Nutzern offeriert.

Ein ähnliches Gerät ist ein Tablet, das auch als „großer Bruder“ des Smartphones bezeichnet werden kann. Abgesehen von seiner Größe ist es in Form und Funktionsumfang durchaus mit einem Smartphone vergleichbar. Ein Vorteil ist das größere Display.

Durch einen wiederaufladbaren Akku ist ein Smartphone deutlich praktischer als etwa ein stationärer Computer. Es wird vor allem für die *Kommunikation* auf ganz verschiedenen Wegen (Telefon, E-Mail, Chats) genutzt oder als Ersatz für die Digital- bzw. Videokamera. Auch zur *Unterhaltung* (Videos schauen, Musik hören, Spiele) bietet ein Smartphone zahlreiche Angebote. Die oben erwähnten Apps erlauben es, die bereits vorhandenen Möglichkeiten beliebig auszugestalten, sodass immer mehr Einsatzzwecke denkbar sind – vergleichbar mit Software für einen Computer. Durch den mobilen Zugang zum Internet kann das Smartphone außerdem ganz allgemein zur *Information* genutzt werden. Die Weiterentwicklung seitens der Hersteller verspricht dabei immer neue Optionen in der Zukunft, sodass jährlich neue Geräte auf den Markt kommen.

Bevor Sie Ihren SuS die Kopiervorlage geben, lassen Sie sie zunächst einmal Funktionen des Smartphones benennen, die sie kennen, und die Frage beantworten, welche Geräte ihrer Meinung nach in einem Smartphone vereint sind. Auch lohnt es sich, die in einem Smartphone verbauten Elemente einmal genauer zu betrachten. Entsprechende detaillierte Übersichten finden sich in großer Anzahl im Internet oder in den Bedienungsanleitungen der Hersteller. Als Beispiel seien die vielen Sensoren genannt, die etwa das Licht der Umgebung messen können oder angeben, in welcher Position man sein Smartphone gerade in der Hand hält. Auch die verbauten Materialien dürften vielen nicht bekannt sein und können im Unterricht gut thematisiert werden (vgl. Kapitel „Umstrittene Prozesse und Ressourcen“ in diesem Themenheft).

Aufgaben

KV 7, S. 22

Die Übersicht zeigt Funktionen und Geräte, die in einem Smartphone vereint sind.

KV 8, S. 23

Die Vorlage soll von den SuS gestaltet werden, indem sie ihr bzw. ein Smartphone auf Grundlage der Grafiken zeichnen. Zudem ist ein Steckbrief enthalten, der wiederum auf die Ausstattung und Nutzung der Geräte der SuS eingeht. Die Ergebnisse hiervon können spielerisch verglichen werden, indem sich die SuS z. B. nach den Maximalwerten sortiert in einer Reihe aufstellen oder nach Ähnlichkeiten und Unterschieden gruppieren.

Idee: Bedingt durch die zahlreichen Funktionen ist das Smartphone auch ein Gerät, das sich an vielen Stellen in den Unterricht einbinden lässt, etwa zur Recherche oder zur kreativen Arbeit für Medienprodukte. Ein Ansatz, bei dem die SuS ihr eigenes Gerät benutzen können (BYOD: Bring Your Own Device), ermöglicht zahlreiche Einsatzmöglichkeiten in den verschiedenen Fächern. Entsprechende Ideen finden sich zuhauf im Internet oder in entsprechender Literatur der Verlage.

Beispiele:

- Die SuS nutzen ihr Smartphone für kleinere Rechercheaufträge bzw. um aktuelle Informationen aus dem Internet abzurufen oder Vokabeln im Fremdsprachenunterricht nachzuschlagen.
- Die SuS nutzen ihr Smartphone im naturwissenschaftlichen Unterricht, indem sie mithilfe von entsprechenden Apps die Daten des Geräts auslesen.
- Die SuS nutzen ihr Smartphone für Foto- oder Videoaufnahmen (z. B. ein Standbild festhalten, ein Rollenspiel aufnehmen, zur Sicherung von Ergebnissen aus dem Unterricht, Bewegungsabläufe im Sportunterricht aufzeichnen).

Vorteile:

- Verfügbarkeit von Geräten, da nahezu alle SuS ein Gerät haben.
- Fehlende technische Ausstattung der Schule wird kompensiert.
- Aktuelle Informationen aus dem Internet sind abrufbar.
- Die SuS sind hochmotiviert, wenn sie ihr Smartphone im Unterricht benutzen dürfen.

Nachteile:

- Das persönliche Datenvolumen der SuS wird genutzt; ggf. sind diese dazu nicht bereit bzw. sie verfügen über kein Datenvolumen (mehr).
- Evtl. ist die Nutzung technischer Geräte durch schulische Regelungen untersagt.
- Es gibt ein hohes Ablenkungspotential für die SuS.
- Wenn SuS Fotos oder Videos von anderen SuS auf ihrem privaten Gerät anfertigen, sind diese außerhalb der Kontrolle durch die Lehrkraft und sie könnten für eine (missbräuchliche) Nutzung weiterverwendet werden.
- Die SuS werden zunehmend unselbstständig und verlassen sich auf die Verfügbarkeit von Informationen im Internet, statt diese (auswendig) zu lernen.
- Evtl. bestehen unklare Zuständigkeiten, wenn ein Gerät kaputtgeht.
- Wenn SuS kein Gerät dabeihaben oder es nicht einsatzbereit ist (z. B. Akku leer), können sich diese SuS benachteiligt fühlen.
- Ggf. werden soziale Unterschiede durch die verschiedenen Geräte (Alter, Preisklasse …) hervorgehoben.

Umstrittene Prozesse und Ressourcen – Der unsichtbare Preis von Smartphones & Co.

Hinweise für Lehrkräfte

Wir freuen uns immer, wenn wir ein neues technisches Gerät in der Hand halten. Entweder haben wir dieses vorher noch nicht besessen oder der Vorgänger ist aus verschiedenen Gründen für uns obsolet geworden – etwa, weil er veraltet ist oder nicht mehr richtig funktioniert. Hersteller werben ständig mit neuen Funktionen oder mit sonstigen Verbesserungen, die uns zum (Neu-)Kauf anregen und bewegen sollen.

Ebenso freut man sich, wenn man das Gerät dann auspackt, einschaltet und alles tadellos funktioniert: Diese Freude überwiegt und selten macht man sich Gedanken darüber, wo das Gerät herkommt und welche vielfältigen Prozesse in seiner Entstehung stecken, die von der Entwicklung bis zum fertigen Endprodukt nötig sind. Dass etwa ein Smartphone ein komplexes Gerät mit zahlreichen Funktionen (vgl. Kapitel „Das Smartphone – Ein digitales Taschenmesser“, insb. KV 7) und technischen Bausteinen ist, dürfte einen zwar nicht sonderlich überraschen, doch es lohnt sich, ein solches Gerät einmal genauer zu betrachten und damit den Entstehungsprozess transparent zu machen.

Jugendliche dürften sich bezüglich der Anschaffung immer neuer Geräte noch seltener Gedanken machen als ein Erwachsener. Letzterer kann den Preis eines Produkts im Vergleich mit seinem Einkommen eher in eine Kosten-Nutzen-Relation setzen. Er wird eine Neuanschaffung meist gründlicher abwägen, als wenn sich ein Jugendlicher ein neues Gerät zum Geburtstag wünscht, dieses an Weihnachten unter dem Christbaum liegt oder er es sogar einfach so zwischendurch von seinen Eltern bekommt.

Gerade in Bezug auf Smartphones gab es in der Vergangenheit immer wieder Presseberichte, die kritische Produktionsumstände und vor allem unmenschliche Arbeitsbedingungen angeprangert haben. Berichte aus dem Ausland, die häufig Unfälle oder Streiks in Firmen, welche die großen Hersteller von Smartphones beliefern, thematisieren, finden sich immer wieder. Sie schildern Zustände, die man sich als Endverbraucher durchaus bewusst machen sollte. Vor allem (seltene) Rohstoffe, die für die Produktion von Smartphones notwendig sind, sorgen immer wieder für Diskussionen. So liest man häufig von den Bedingungen beim Abbau dieser Rohstoffe, der mit härtester körperlicher Arbeit verbunden ist. Diese Arbeit in den engen Minenschächten wird oftmals von Kindern mit geringer Körpergröße verrichtet, die zum Unterhalt ihrer Familien beitragen müssen, statt eine Schule besuchen zu können. Auch über kriegerische Auseinandersetzungen im Kampf um die Rohstoffe sowie über fragwürdige Arbeitsbedingungen in den Firmen, die einzelne Bestandteile für Smartphones bereitstellen oder sie zusammensetzen, wird berichtet.

So kann man es durchaus als Aufgabe der Schule verstehen, auch an dieser Stelle Aufklärungsarbeit für die Verbraucherinnen und Verbraucher zu leisten. Die SuS sollten dafür sensibilisiert werden, was in dem Produkt steckt, das sie und auch zahlreiche Erwachsene täglich benutzen. Auch die Hintergründe zur Gewinnung der entsprechenden Rohstoffe gehören dazu und sollten von den SuS kritisch reflektiert werden. Davon ausgehend lassen sich Überlegungen dazu anstellen, wie man mit den Geräten umgehen sollte und welche Möglichkeiten es gibt, wenn ein Gerät veraltet oder sogar defekt ist. Außerdem gibt es entsprechende Firmen, die auf die Problematik aufmerksam machen und alternative Produkte entwickelt haben, die nach eigener Aussage ethische Mindeststandards berücksichtigen, unter menschenwürdigen Umständen produziert werden und verantwortungsvoll mit den Ressourcen umgehen. Als ein Beispiel sei hier eine GmbH aus den Niederlanden genannt, die unter dem Namen *FairPhone* entsprechende Geräte entwickelt hat und vertreibt. Auch gibt es im Internet oder z. B. auf Werbeplakaten von Elektronik-Fachmärkten Hinweise zur Sammlung von Altgeräten, damit diese wiederverwertet oder aufbereitet und an ärmere Länder weitergegeben werden können. Hierfür engagieren sich unter anderem die Bundesregierung oder Initiativen wie „Handy-Aktion".

Mögliche Aufgaben (ohne KV)

Aufgabe 1 Die SuS recherchieren zunächst zu den Bestandteilen eines Smartphones. Anschließend suchen sie Informationen über die umstrittenen Arbeitsbedingungen, unter denen Smartphones angefertigt werden, sowie über die benötigten Ressourcen und deren Gewinnung.

Aufgabe 2 Die SuS beziehen schriftlich Stellung, indem sie einen fiktiven Brief (an einen Hersteller von Smartphones, einen Leserbrief an eine Zeitung) oder einen Blogeintrag schreiben. Dabei greifen sie auf ihre Arbeitsergebnisse zurück und formulieren Forderungen in Bezug auf eine nachhaltige und umweltbewusste Produktion von Smartphones. Auch der Umgang mit Altgeräten sollte dabei berücksichtigt werden.

Idee 1: Da es sich hierbei um ein komplexes Thema handelt, das vielen SuS nicht im ganzen Ausmaß bewusst sein dürfte, bietet es sich an, dieses beispielsweise im Rahmen eines Projektes detailliert zu beleuchten. Ebenso besteht die Möglichkeit, fächerübergreifend zu kooperieren und zu diesem Themenschwerpunkt zu arbeiten.

Idee 2: Vielleicht können Sie ein defektes Smartphone besorgen. Dieses könnten sich die SuS dann (z. B. im naturwissenschaftlichen Unterricht) genauer ansehen, indem die einzelnen Bestandteile des Innenlebens im Detail betrachtet werden. Die SuS erhalten oder recherchieren weitere Informationen zu der verbauten Technik sowie zu den Rohstoffen.

Idee 3 für ein Schüler-Projekt: Die SuS erhalten den Auftrag, eine eigene fiktive Firma zu gründen, die nach ethischen Standards handelt. In diesem Zuge sollen sie ein Produkt entwerfen sowie alle Informationen, die zur Realisierung nötig sind, erarbeiten. Leitfragen hierfür könnten die folgenden sein:

- Wie soll eure Firma heißen? Entwerft ein Firmenlogo sowie einen Slogan, die den Namen widerspiegeln.
- Welches Produkt soll im Vordergrund stehen? Überlegt euch einen Namen, skizziert das Gerät und nennt einen (realistischen) Preis. Auch hierfür kann ein Slogan oder eine Werbeanzeige entworfen werden.
- Nennt Argumente, weshalb sich euer Produkt von den bisher existierenden abhebt und wieso es die Menschen kaufen sollten.
- Inwieweit ist eure Firma und speziell euer Produkt ethisch vertretbar? Wird es beispielsweise besonders umweltfreundlich produziert? Was passiert mit alten Geräten?

Das Smartphone in meinem Alltag

Hinweise für Lehrkräfte

Das Smartphone ist ein elementarer Bestandteil der Lebenswelt von Jugendlichen und auch von immer mehr Erwachsenen. Wenn Sie sich einmal in Ihrem Arbeits-, Familien- und Freundesumfeld umsehen, wird Ihnen auffallen, dass das Smartphone ein weit verbreitetes technisches Gerät ist. Studien zufolge besitzen nahezu 100 % der Jugendlichen zwischen 12 und 19 Jahren ein eigenes Gerät (vgl. zum Beispiel die JIM-Studie des Medienpädagogischen Forschungsverbunds Südwest), das sie vollständig in ihren Alltag integrieren.

Ziel dieser Einheit ist es, dass die SuS sich mit dem Gerät an sich sowie mit ihrer persönlichen Nutzung genauer auseinandersetzen. Eine Übersicht (siehe unten KV 9) soll Ausgangspunkt für ein sich anschließendes Unterrichtsgespräch sein und den SuS als Vorlage mit individuellen Notizen dienen.

Aufgaben

Aufgabe 1

KV 9, S. 25

Die SuS bearbeiten diese Aufgabe in Einzelarbeit (EA), sodass jeder für sich selbst die Vorlage in Ruhe ausfüllen kann.
Sind die SuS damit fertig, können sie ihre Ergebnisse zunächst mit denen einer Partnerin/eines Partners (PA) vergleichen, ehe sie im Plenum (PL) thematisiert werden (Think-pair-share-Methode).

Idee: Die SuS können alle Ergebnisse bündeln und wie bei einer Umfrage zusammentragen. Die Ergebnisse lassen sich anschließend (evtl. mit einem Smartphone oder Tablet) zur Präsentation auf verschiedene Arten aufbereiten:

- Einzelne Ergebnisse lassen sich in Diagrammen darstellen (Durchschnittswerte, Extreme …).
- Die SuS können zunächst Vermutungen zu den Ergebnissen aufstellen, die anschließend überprüft werden.
- Die SuS können sich (in Gruppen oder im Plenum) sortieren, indem sie sich nach vorgegebenen Kriterien sammeln oder nebeneinanderstellen (vgl. S. 8, die Methode der Meinungslinie).

Aufgabe 2

In der Regel kennen die SuS weder wirklich alle Funktionen, die ein Smartphone bietet, noch wissen sie darüber Bescheid, welche Technik in dem kleinen Gehäuse steckt. Schauen Sie sich als Lehrkraft vorab oder gemeinsam mit den SuS doch einmal die detaillierte Beschreibung der Hersteller an. Ein modernes Smartphone verfügt beispielsweise über eine Vielzahl an Sensoren (Lichtsensor, Beschleunigungssensor, Gyroskop, Barometer u. v. m.). Damit lassen sich z. B. im Physikunterricht vielfältige Messungen tätigen, die entsprechenden Werte können per App ausgelesen werden.

Aufgabe 3

Ebenso unbekannt wie die Funktionen und die detaillierte Ausstattung der Geräte, die die SuS täglich nutzen, ist ihnen erfahrungsgemäß auch die technische Zusammensetzung. Daher sollen die SuS im Internet recherchieren, aus welchen Komponenten ein Smartphone üblicherweise zusammengebaut wird und welche Rohstoffe dafür nötig sind, sodass sie den Produktionsweg nachvollziehen können (vgl. Kapitel „Umstrittene Prozesse und Ressourcen“).

Idee: Auch der Herstellungspreis und – im Vergleich mit dem Endpreis für Kunden – die Gewinnspanne der Händler sind interessante Informationen. Lassen Sie Ihre SuS doch einmal raten, was ein aktuelles Smartphone in der reinen Herstellung kostet. Recherchieren Sie die benötigten Informationen und vergleichen Sie sie mit den Vermutungen der SuS.

Bonus:

- Im Anschluss an Aufgabe 3 bietet es sich an, die Diskussion um die Gewinnung der Rohstoffe, die immer wieder in den Medien auftaucht, mit den SuS zu thematisieren. Vor allem der Abbau von Rohstoffen wie Gold, Zinn oder Wolfram, der bisweilen mit konfliktreichen Themen wie Gewalt, Kinderarbeit oder Umweltzerstörung verbunden ist, kann zum Gegenstand des Unterrichts gemacht oder durch Referate von den SuS präsentiert werden. Auch entsprechende Kampagnen zur Bekämpfung ebendieser Umstände finden sich zuhauf im Internet (vgl. Kapitel „Umstrittene Prozesse und Ressourcen“).
- Ein Anbieter von Smartphones, die unter fairen Bedingungen hergestellt werden, ist „FairPhone“. Auch das gleichnamige Produkt mit den entsprechenden Rahmenbedingungen und der konkreten Umsetzung sowie dem Medienecho eignet sich zur Thematisierung im Unterricht (vgl. Kapitel „Umstrittene Prozesse und Ressourcen“).
- Lassen Sie die SuS doch einmal ein Smartphone nach ihren Wünschen und Bedürfnissen entwerfen. Dabei können sie ihrer Phantasie freien Lauf lassen und den Blick auf mögliche zukünftige technische Entwicklungen richten (vgl. Kapitel „Ein Blick in die digitale Zukunft“, insb. KV 11).

Auch bietet es sich an, die Entwicklung von Smartphones und/oder Handys gemeinsam mit den SuS nachzuvollziehen. Vielleicht haben Sie noch ein altes Gerät zuhause. Bringen Sie es mit in den Unterricht und achten Sie auf die Reaktionen. Berichten Sie von Ihren ersten mobilen Telefongeräten und zeichnen Sie die Entwicklung nach oder lassen Sie auch hier die SuS zu Experten werden, indem diese in die Vergangenheit reisen.

Da die SuS aktuell schon an die modernen Smartphones gewöhnt sind und alte Mobiltelefone meist nur noch von ihren älteren Geschwistern, Eltern oder Großeltern (die vielleicht noch nicht auf ein Smartphone umgestiegen sind) kennen, kann es ganz unterhaltsam und zugleich informativ sein, wenn man einmal die Eckdaten der früheren Geräte mit den heutigen vergleicht. Dabei können Sie gemeinsam folgende Vergleichskriterien betrachten: Gehäuse, Maße, Akku, Display, Funktionen, Erweiterungsmöglichkeiten, Speicher, Tasten, Internetzugang, Nachrichten/SMS, Verfassen von Nachrichten, Smileys/Emojis.

Ein Blick in die digitale Zukunft

Hinweise für Lehrkräfte

Die Geschichte hat gezeigt, dass technische Entwicklungen ein enorm hohes Tempo haben können sowie zahlreiche Möglichkeiten offerieren, die man sich vor wenigen Jahren bzw. Jahrzehnten nicht einmal vorstellen konnte. Sowohl in der Literatur als auch in Filmen finden sich Beispiele von dystopischen oder utopischen Zukunftsvorhersagen, von denen mittlerweile einige bereits Realität geworden sind. Gleichermaßen finden sich zuhauf aktuelle Prognosen, die wiederum einen Blick in die Zukunft wagen und Thesen aufstellen, wie die Menschheit und ihr Alltag in den kommenden Jahrzehnten aussehen und welche Entwicklungen bis dahin vermutet werden.

Eine exemplarische Zuordnung von technischen Meilensteinen und den Daten ihrer Entstehung, die als Inspiration für die SuS und für das Bewusstwerden des schnellen technischen Fortschritts dienen soll, findet sich auf der KV 10 (siehe unten).

Auf der KV 11 sollen die SuS selbst zu Zukunftsforscherinnen und -forschern werden und eigene Prognosen aufstellen. Dabei sollen sie unterscheiden zwischen der näheren und der weiter entfernten Zukunft. Außerdem sollen sie kreativ werden und ein eigenes Gerät entwerfen oder ein aktuelles Gerät (z. B. das Smartphone) weiterentwickeln (ihm etwa neue Funktionen hinzufügen), die es aktuell noch nicht gibt

Aufgaben

KV 10, S. 26

Eine tabellarische Auflistung von Größen des Internets sowie dem Jahr, in dem sie auf den Markt gekommen sind.

Idee: Sie können bei der Präsentation der Vorlage die Jahreszahlen zunächst verdecken und die SuS Vermutungen anstellen lassen. Ebenso ist es möglich, die KV auszudrucken, die einzelnen Kästchen auszuschneiden und als Spielkärtchen zu nutzen (SuS versuchen jeweils, die passende Zuordnung zu finden). Auch ist eine Variante als Memory denkbar.

KV 11, S. 27

Die SuS entwerfen Prognosen für die nächsten 5 bzw. 10 Jahre und können einen weiteren Abstand selbst wählen, für den sie Voraussagen formulieren.

Die SuS können außerdem wählen, ob sie
a) ein vorhandenes Gerät weiterentwickeln *oder*
b) ein völlig neues Gerät entwerfen, das es bisher noch nicht gibt.

Idee: Eine geeignete Methode für die Präsentation von Gruppenarbeitsergebnissen, bei der alle gleichermaßen aktiviert werden, ist der *Museumsrundgang*. Dabei arbeiten die SuS zunächst gruppenintern und entwerfen ein Endprodukt (etwa ein Plakat). Die Ergebnisse werden anschließend im Klassenraum verteilt aufgehängt (idealerweise in Form eines Kreises). Nun werden neue Gruppen gebildet, in die aus jeder vorherigen Arbeitsgruppe ein Vertreter abgeordnet wird. Die Gruppen bewegen sich von Produkt zu Produkt. Bei jedem Produkt ist die Person, die an seiner Erarbeitung beteiligt gewesen ist, der Experte und erklärt den übrigen Gruppenmitgliedern das Produkt. Als Lehrkraft können Sie sich einer Gruppe anschließen und alle Produkte mit „abwandern", oder Sie wechseln immer wieder die Gruppe, bei der Sie mitgehen.

Museumsrundgang

Diese Methode eignet sich gut, um verschiedene Produkte (z.B. Plakate) innerhalb einer großen Gruppe (z.B. der gesamten Klasse bzw. dem gesamten Kurs) zu präsentieren. Zunächst gestaltet ihr als Gruppe ein Endprodukt, das den anderen SuS der Klasse bzw. des Kurses am Ende vorgestellt wird. Es ist wichtig, dass jede/r aus eurer Gruppe euer Produkt vorstellen kann. Die Lehrkraft wird euch für diese Präsentation zu neuen Gruppen zusammenmischen. Ihr geht dann mit dieser neuen Gruppe nach einem festgelegten Weg (z.B. im Uhrzeigersinn) von Produkt zu Produkt. Die Schülerin bzw. der Schüler, der an der Gestaltung des Produkts, bei dem ihr gerade seid, beteiligt war, stellt dieses vor. Die anderen SuS dieser Präsentationsgruppe hören zu und können bei Bedarf Rückfragen stellen.

Was war wann? Erfindungen der Menschheit als Meilensteine der Wissenschaft

A Ordne die Erfindungen den jeweiligen Jahreszahlen zu, indem du die entsprechende Nummer an die Stelle auf dem Zeitstrahl schreibst. *Wenn du dir unsicher bist, benutze zunächst einen Bleistift (der Radiergummi wurde übrigens im Jahre 1770 erfunden).*

1 **Telefon** (Johann Philipp Reis)

2 **Rechenmaschine** (Wilhelm Schickard)

3 **Automobil** (Carl Friedrich Benz)

4 **Gasballon** (Gebrüder Montgolfier)

5 **Dampflokomotive** (Richard Trevithick)

6 **Fotografie** (Joseph Nicéphore Niépce)

7 **Buchdruck** (Johannes Gutenberg)

8 **Fernsehen** (Philo Farnsworth)

9 **Glühlampe** (James Bowman Lindsay)

11 **Computer** (Konrad Zuse)

10 **Internet (WWW)** (Tim Berners-Lee)

Illustrationen: Shutterstock/gladcov (Kamera, Fernseher, Computer, WWW), Shutterstock/VectorShow (Telefon), Shutterstock.com/Babich Alexander (Rechenmaschine), Shutterstock.com/iqbal hasan (Auto), Shutterstock.com/Viktorija Reuta (Gasballon), Shutterstock.com/Vectorcarrot (Dampflok), Shutterstock.com/Omarok1 (Buch), Shutterstock.com/Art work (Glühlampe)

Digitalisierung: Wo findet sie statt?

Notiere zunächst, was mit dem Begriff Digitalisierung gemeint ist. Vervollständige anschließend die Mind-Map, indem du Bereiche benennst, in denen Digitalisierung vorkommt, sowie konkrete Beispiele, die zu den jeweiligen Bereichen passen.

Digitalisierung (Definition)

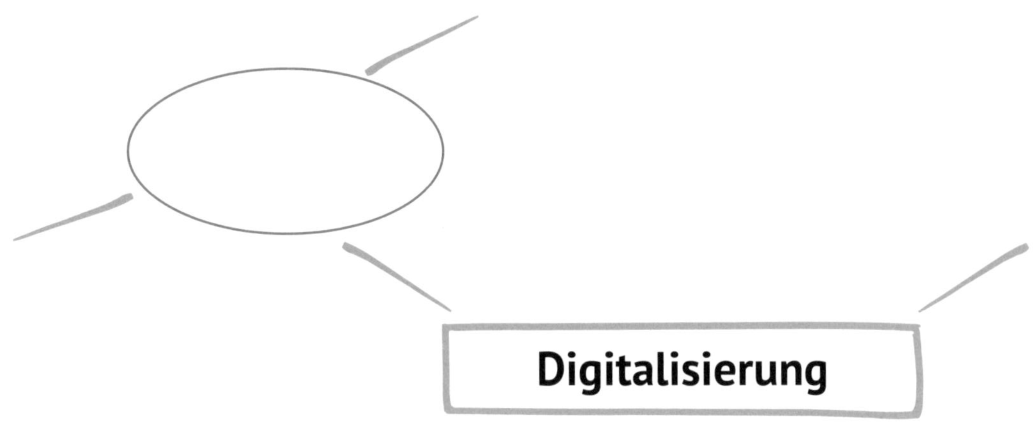

Analoge Vergangenheit und digitale Gegenwart – ein Vergleich

A Schau dir die nachfolgenden Bilder aufmerksam an und markiere alles, was dir bekannt ist. Suche dir anschließend (mindestens) 3 Beispiele aus und nimm dazu Stellung, inwieweit die Digitalisierung als Vor- oder als Nachteil für den Alltag der Menschen gesehen werden kann.

früher

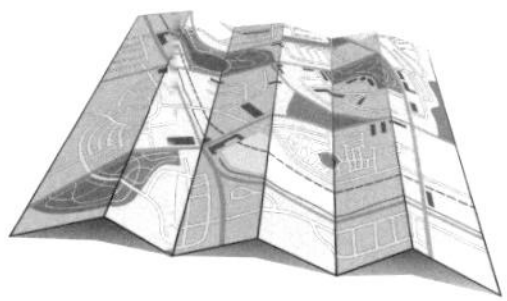

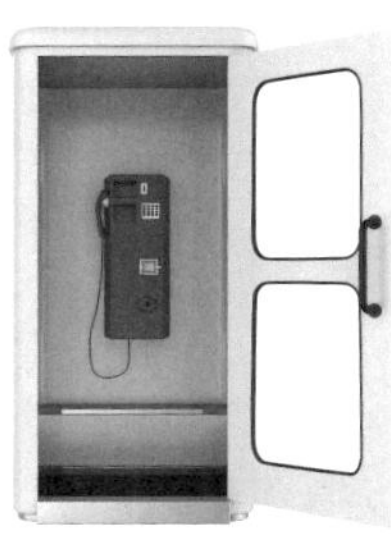

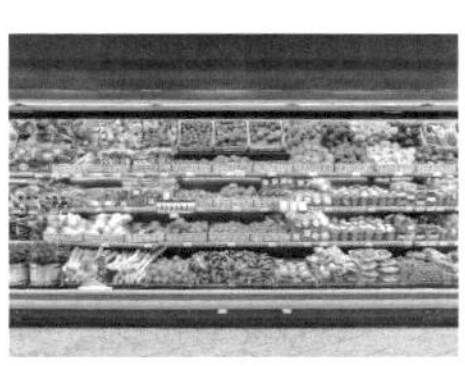

heute

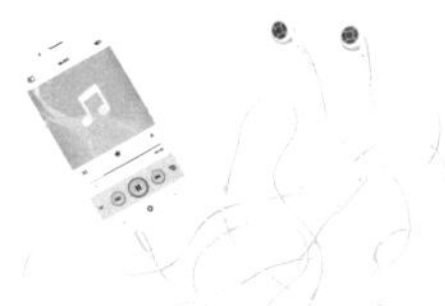

Illustrationen: Shutterstock.com/Afishka (Kassette), Shutterstock.com/Frank Fiedler (Karte), Shutterstock.com/Andrei YUL (Kopfhörer), Shutterstock.com/Maxx-Studio (Navi), Shutterstock.com/Pingun (Film), Shutterstock.com/Prokrida (Bücher), Shutterstock.com/taelove7 (Kamera), Shutterstock.com/SVStudio (E-Reader), Shutterstock.com/alien-tz (Brief), Shutterstock.com/Nerthuz (Telefonzelle), Shutterstock.com/vladwel (Chat), Shutterstock.com/Helly Hansen (Smartphone), Shutterstock.com/gyn9037 (Fließbandarbeiter), Shutterstock.com/Fascinadora (Supermarkt), Shutterstock.com/Jenson (Fließbandroboter), Shutterstock.com/Enmaler (Webshop)

Autor: Christoph Dröge · Mensch + Digitalisierung · ISBN 978-3-589-16672-5

Beispiele für die Digitalisierung des Alltags – Ausstattung

A Notiere alles zum Thema, was in deinem täglichen Leben eine Rolle spielt. Welche Geräte besitzt bzw. benutzt du, welche kennst du außerdem und welche hättest du gern?

Was ich selbst besitze:	**Was ich sonst noch benutze:**
Was es bei uns zu Hause gibt:	**Was meine Eltern, Geschwister, Großeltern ... benutzen:**
Das kenne ich außerdem:	**Das würde ich gerne besitzen:**

Beispiele für die technische Ausstattung:

- ▷ Computer
- ▷ Laptop/Notebook
- ▷ Smartphone
- ▷ Tablet
- ▷ Smart Speaker (z.B. Alexa, Google-Home)
- ▷ Smart Watch
- ▷ Spielekonsole (fest oder tragbar)
- ▷ Smart-Home-Technologie (Steuerung von Türen, Fenstern, Licht, Temperatur, etc.)
- ▷ Radiogerät
- ▷ TV-Gerät
- ▷ Staubsauger-Roboter
- ▷ Sprachassistenten (z.B. Siri, Google Assistant)
- ▷ DVD-Player/Blu-Ray-Player
- ▷ Streaming-Box/Streaming-Stick
- ▷ MP3-Player

Positive Stellungnahmen zur Digitalisierung

„Mein digitales Haus ist total praktisch. Wenn ich von der Arbeit nach Hause fahre, startet der automatische Saugroboter und die Wohnung ist sauber. Wenn morgens mein Wecker klingelt, dann kocht meine Kaffeemaschine automatisch meine Lieblingssorte. Und wenn ich einmal vergessen habe, die Fenster zu schließen, und es beginnt zu regnen, dann erkennen Sensoren dies und schließen sie automatisch." *(Chris, 32)*

„Ich verstehe nicht, wieso wir noch zur Schule gehen und so viel lernen müssen. Wir haben doch alle ein Smartphone und können zu allen Fragen die Antworten im Internet suchen. Ich bin also folgender Meinung: Man muss nichts mehr wissen – man muss nur wissen, wo es steht und wie man es findet." *(Tim, 15)*

„Seitdem ich meine Fitnessuhr habe, lebe ich viel gesünder. Sie zeigt mir täglich an, wie viele Schritte ich gemacht und ob ich mich ausreichend bewegt habe. Auch erinnert sie mich an Pausenzeiten und gibt mir Ernährungstipps." *(Elisa, 27)*

„Dass ich mit meinem Smartphone Fotos und Videos machen und diese direkt ins Internet stellen kann, finde ich großartig. So kann ich meiner Familie und meinen Freunden zeigen, wie mein Alltag aussieht und was ich so mache, und gleichzeitig sehe ich auch, was die anderen Menschen so tun." *(Marion, 53)*

„Mit meinem Smartphone ist mir gar nicht mehr langweilig. Wenn ich auf den Bus warte oder beim Arzt im Wartezimmer sitze, kann ich mir mit vielen Spiele-Apps die Zeit vertreiben. Und man kann für zusätzliches Geld tolle Erweiterungen kaufen, die andere nicht haben." *(Lars, 11)*

„Durch das Internet bin ich viel besser geworden in der Schule. Wenn ich einmal etwas nicht verstehe, kann ich es noch mal im Netz suchen oder ich schaue mir einfach so lange Erklärvideos zu dem Thema an, bis ich es verstanden habe." *(Sinem, 17)*

„Ich bin sehr froh, dass es das Internet gibt. Jetzt kann ich täglich mit meinen Großeltern in Mexiko kommunizieren. Wir telefonieren, schreiben, senden uns Fotos oder wir sehen uns sogar live per Videochat. Meine Eltern meinten, dass sie früher nur telefonieren konnten oder Briefe und Karten geschrieben haben." *(Juan, 11)*

„So ein Smartphone hat mein Leben deutlich vereinfacht: Früher brauchte ich viele verschiedene Geräte zum Musikhören, zum Spielen, zum Chatten oder zum Fernsehen. Nun habe ich alles in einem kleinen mobilen Gerät vereint – toll!" *(Roberto, 35)*

A Suche dir (mindestens) zwei Stellungnahmen aus und nimm begründet Stellung, ob du diese teilst oder ob du sie ablehnst.

Illustration: Shutterstock.com/StockAppeal (Daumen hoch)

Negative Stellungnahmen zur Digitalisierung

„Ich beobachte immer wieder, dass junge Menschen in Cafés, Bars oder Restaurants sich am Tisch gegenübersitzen und nur auf ihre Handys starren, statt miteinander zu reden. Viele fotografieren auch ihr Essen, sobald es auf den Tisch kommt. Das gab es bei uns damals nicht und es macht mich traurig, sowas zu sehen." *(Brigitte, 74)*

„Wenn ich mal nach einem Artikel im Internet suche, dann bekomme ich immer wieder Werbung für exakt diesen Artikel auf Webseiten und in Sozialen Netzwerken eingeblendet. Das ist irgendwie unheimlich und total nervig!" *(Laura, 23)*

„Ich kann mir nicht vorstellen, dass es Mobbing in Sozialen Netzwerken in meiner 7. Klasse gibt. Schließlich sind die meisten Angebote doch erst ab 16 Jahren erlaubt." *(Jens, 46)*

„Jeden Tag werden in unserer Klassenchat-Gruppe viele hundert Nachrichten, Bilder und andere Dinge eingestellt. Das ist mir zu viel und trotzdem schaue ich mir alles an, weil ich Angst habe, etwas zu verpassen. Manche schreiben sogar nachts noch und ich werde vom Klingeln dann manchmal wach. Die müssen doch auch zur Schule morgens." *(Melih, 13)*

„Ich habe bei allen meinen Accounts in den Sozialen Netzwerken fast 2.000 Freunde. Aber wenn ich mal Probleme habe, dann habe ich das Gefühl, dass ich ganz alleine damit auf der Welt bin. :-(" *(Antonia, 16)*

„Immer wieder sieht man Fotos von Babys oder kleinen Kindern im Internet – am Strand, in der Badewanne, beim Essen oder Spielen. Hat jemand mal daran gedacht, ob sie das überhaupt wollen? Fragen kann man sie ja nicht ..." *(Nadja, 51)*

„Wenn ich immer diese ganzen Menschen in den Sozialen Netzwerken sehe mit ihren tollen Fotos von der ganzen Welt und ihrem perfekten Leben – da fühle ich mich oft ganz schlecht und unzufrieden. Ich hoffe, dass ich in der Zukunft auch so werden kann." *(Nuria, 13)*

„Ich finde, dass sich viele Menschen viel zu abhängig vom Internet machen. Jeder Schritt muss mit allen geteilt werden und jeder starrt nur noch auf sein Smartphone. Neulich habe ich einen Jungen gesehen, der vor eine Laterne gelaufen ist, da er nur aufs Display geschaut hat. Wie ein Zombie ist der die Straße entlanggegangen." *(Patrick, 29)*

„Viele meiner Freunde haben immer das neueste Smartphone, während ich immer das gebrauchte, olle Teil von meinen Geschwistern bekomme, wenn sie sich mal ein neues kaufen. Das ist total peinlich. Außerdem erlauben mir meine Eltern nur, dass ich es abends für eine Stunde benutze und am Wochenende vielleicht mal etwas länger. Zur Schule mitnehmen darf ich es auch nicht und bin damit ein totaler Außenseiter." *(Eren, 14)*

A Suche dir (mindestens) zwei Stellungnahmen aus und nimm begründet Stellung, ob du diese teilst oder ob du sie ablehnst.

Autor: Christoph Dröge · Mensch + Digitalisierung · ISBN 978-3-589-16672-5

Das Smartphone – Ein „digitales Taschenmesser“

Markiere alle Funktionen bzw. Geräte, die du mit deinem Smartphone benutzt und die durch dein Smartphone ersetzt werden.

Illustrationen: Shutterstock/VectorShow (Telefon), Shutterstock/StockAppeal (Kompass), Shutterstock/Omarok1 (Buch), Shutterstock.com/gladcov (WWW, Uhr, Videokamera, Scanner, Fotokamera, Notizblock, Diktiergerät, Fernseher, Radio), Shutterstock.com/PCH.Vector (Bonuskarte), Shutterstock/WonderfulPixel (Post-It, Adressbuch), Shutterstock/Iconography - Videography (Navi), Shutterstock/ilicon (Wasserwaage), Shutterstock/ankudi (Kalender), Shutterstock/Momento Design (Geldbörse), Shutterstock/Maksim M (Fahrkarte), Shutterstock/BesticonPark (Taschenlampe), Shutterstock/matsabe (Taschenrechner), Shutterstock/big Stocke (Zeitung), Shutterstock/Drk_Smith (Wecker), Shutterstock/Alexandr III (Spielekonsole)

(M)ein Smartphone

A Zeichne (d)ein Smartphone und beschrifte die einzelnen Bestandteile.
Fülle zudem den Steckbrief mit den entsprechenden Daten aus.

- vorn -

- hinten -

- oben -

- unten -

☑ Marke: ________

☑ Farbe: ________

☑ Speicher: ________ Gigabyte (GB)

☑ Anzahl der installierten Apps: ________

☑ So viele Fotos habe ich: ________

☑ So viele Videos habe ich: ________

☑ Ich besitze das Smartphone seit: ________

Das Smartphone in meinem Alltag

1. Notiere die erforderlichen Informationen.

Meine Lieblingsapps (Top 5), sortiert nach Häufigkeit der Benutzung:

(Platz 1 = am häufigsten)

1 ______________________

2 ______________________

3 ______________________

4 ______________________

5 ______________________

Das mache ich mit meinem Smartphone:

täglich

____

____

____

regelmäßig

____

____

____

selten

____

____

____

nie

____

____

____

Was können Smartphones?

2. Notiere dir Funktionen und Ausstattungsmerkmale von modernen Smartphones, die du kennst:

Funktionen: ______________________

____

Ausstattung: ______________________

____

Aus welchen Materialien bestehen Smartphones?

3. Recherchiert in Kleingruppen dazu im Internet und macht euch Notizen zu den Bestandteilen.

Illustration: Shutterstock/Helly Hansen (Smartphone)

Autor: Christoph Dröge · Mensch + Digitalisierung · ISBN 978-3-589-16672-5

Meilensteine des Internets und der Digitalisierung

1994	**Amazon**	2007	**Kindle**
1997	**Netflix** (Streaming-Plattform ab 2007)	2008	**Android**
1998	**Google**	2009	**WhatsApp**
2004	**Facebook**	2010	**iPad**
2005	**YouTube**	2010	**Instagram**
2006	**Spotify**	2011	**Snapchat**
2006	**Roblox**	2014	**Musical.ly** (heute: TikTok)
2007	**iPhone**	2016	**Tellonym**
2007	**AirBnB**	2017	**Fortnite**

Ein Blick in die digitale Zukunft

1. Überlege dir, wie der Alltag in der Zukunft aussehen wird: Welche technologischen Fortschritte sind denkbar?

Unsere Welt in …

… 5 Jahren	… 10 Jahren	… ______ Jahren

Illustration: Shutterstock/soponyono (Kristallkugel)

2. Entscheide dich für **eine** der beiden nachfolgenden Möglichkeiten:

a) Entwickle ein bereits existierendes Gerät weiter (z.B. ein Smartphone), indem du beispielsweise neue Funktionen ergänzt, das Aussehen veränderst oder andere Veränderungen vornimmst. Fertige eine Skizze des Geräts an.

b) Entwickle ein völlig neues Gerät, das es heutzutage *noch nicht* gibt. Überlege dir einen Namen, mache dir Notizen zu den Funktionen und überlege, welche Vorteile es im Vergleich zu bereits existierenden Geräten bringt. Fertige eine Skizze des Geräts an.

Name des Geräts:

Beschreibung/ Funktionen:

Skizze des Geräts:

Ich habe die folgende Aufgabe gewählt: ☐ **2a)** ☐ **2b)** (Kreuze an!)

2. Themenfeld: Die Wahrnehmung der Digitalisierung durch Religion, Ethik und Philosophie

Impulse zur Digitalisierung

Hinweise für Lehrkräfte

An vielen Stellen prallen das negative Verhalten einiger Nutzerinnen und Nutzer des Internets auf normative Erwartungen an zwischenmenschliche Beziehungen. Dies umfasst etwa Beleidigungen, Cybermobbing, Hate Speech, Fake News, Bodyshaming oder Shitstorms (vgl. Kapitel „Die Zehn Gebote“, insbesondere KV 13). Dabei gibt es viele Voraussetzungen für ein friedliches Miteinander mit dem Ziel, dass Konflikte vermieden werden sollen, und damit die Menschen gleichzeitig eine Orientierung haben, was als *gutes* oder *schlechtes* Verhalten – auch in der digitalen Welt – gilt. Impulse hierfür können aus ganz verschiedenen Richtungen kommen, allen sind jedoch gute Absichten gemeinsam und sie wollen Standards schaffen. Einige Beispiele:

- ▷ Das Grundgesetz für die Bundesrepublik Deutschland
- ▷ Die Allgemeine Erklärung der Menschenrechte der Vereinten Nationen
- ▷ Impulse aus den Religionen (zum Beispiel das christliche Menschenbild, die Zehn Gebote, die Goldene Regel als Teil der Ethik Jesu)
- ▷ Impulse aus der Philosophie (zum Beispiel der Kategorische Imperativ nach Immanuel Kant)

Wenn man sich diese Quellen anschaut, so findet man viele Möglichkeiten, entsprechende Kernaussagen in einen Dialog mit wünschenswertem Verhalten sowie mit Fehlverhalten von Nutzerinnen und Nutzern des Internets zu bringen. Durch einen Abgleich ergeben sich vielfältige Möglichkeiten, über das eigene Handeln sowie das Handeln von anderen kritisch zu reflektieren und auf das oben genannte Ziel – das friedliche Miteinander auch in der digitalen Welt – hin auszuwerten.

Den SuS werden dafür ausgewählte Inhalte der aufgeführten Quellen aufgezeigt, die als Grundlage für die kritische Auseinandersetzung zwischen einem denkbaren *Soll-Zustand* sowie dem – an vielen Stellen leider negativen – *Ist-Zustand* dienen sollen. Darüber hinaus können weitere Quellen und Impulse herangezogen werden, die sich als Wertemaßstab eignen.

Aufgaben

Die SuS finden auf der Kopiervorlage Auszüge aus den oben aufgeführten Quellen, die sie auf ihre Tragfähigkeit als Orientierung für das digitale Zusammenleben hin auswerten.

KV 12, S. 36

Tipps für weiteres Material *(im Internet auffindbar mithilfe einer Suchmaschine)*

- ▷ Stellungnahme der Evangelischen Kirche Deutschland zum Verhältnis Mensch <-> Digitalisierung
  Kommunikation des Evangeliums in der digitalen Gesellschaft. Lesetagebuch zur Tagung der EKD-Synode (2014)
- ▷ Stellungnahme von Papst Franziskus zum Verhältnis Mensch <-> Digitalisierung
  Botschaft von Papst Franziskus zum 53. Welttag der sozialen Kommunikationsmittel (24.01.2019)

Die Zehn Gebote 2.0 – Für ein funktionierendes digitales Miteinander

Hinweise für Lehrkräfte

Immer da, wo mehrere Menschen aufeinandertreffen und eine Gemeinschaft bilden, bedarf es verbindlicher Absprachen und Regelungen, damit das Miteinander für alle gleichermaßen funktioniert und die verschiedenen Interessen sowie Erwartungen an die Mitmenschen berücksichtigt werden. Ihre SuS werden entsprechende Beispiele aus ihrer Lebenswelt kennen: die Familie, der Freundeskreis, die Schulklasse, der Sportverein etc. Auch Sie kennen, mit mehr Lebenserfahrung, weitere Szenarien, wie Ihren Arbeitsplatz und eventuell den Ihres Partners/Ihrer Partnerin oder – aus anderer Perspektive – ebenfalls die Schulklasse. Je größer eine Gruppe von Personen ist, desto komplexer wird das Zusammenleben und die Gefahr für Konflikte steigt, da vielfältige (gegebenenfalls konträre) Interessen aufeinanderprallen.

Ebendiese Absprachen und Regelungen basieren möglicherweise auf verschiedenen Quellen, wie etwa den staatlichen Gesetzen, die einerseits Rechte gewährleisten und andererseits Pflichten einfordern oder Verbote aufstellen, der tradierten familiären Erziehung oder auch auf Vorgaben bzw. Empfehlungen wie die Zehn Gebote (ein Projekt von Hans Küng) im Alten Testament, die Ethik Jesu oder weitere religiöse Positionen. Das *Weltethos* beispielsweise schlägt ethische Standards vor, die interkulturell angesetzt sind und einen Konsens aller Beteiligten anvisieren.

Auch das Internet ist eine riesige Gemeinschaft von geschätzt 4 Milliarden Nutzerinnen und Nutzern weltweit. Leider lassen sich an vielen Stellen immer wieder unerfreuliche Beobachtungen machen, verbunden mit zahlreichen negativen Erfahrungen für Einzelne. Schlagworte hierfür sind Beleidigungen, Cybermobbing, Hate Speech, Fake News, Bodyshaming oder Shitstorms (vgl. Kapitel „Impulse zur Digitalisierung“). Exemplarisch können an dieser Stelle Diskussionen unter Online-Artikeln der hiesigen Presse genannt werden: Vor allem bei einem kontroversen Thema finden sich nicht selten etliche hundert Kommentare, die mitunter persönliche Angriffe enthalten und meistens schnell vom eigentlichen Thema wegführen. Sie gipfeln häufig in Beleidigungen, bei denen man schnell den Eindruck gewinnt, dass zwischenmenschliche und ethische Standards fehlen und doch gleichzeitig von immenser Bedeutung wären. Zwar gibt es manchmal Moderatoren, die Kommentare vor ihrer Veröffentlichung prüfen oder diese – wenn sie gegen die sogenannte *Netiquette* (Kompositum der englischen Kurzbezeichnung für das Internet *Net* sowie des französischen Wortes *Etiquette*) verstoßen – löschen, doch oft handeln die Verfasser ohne jedwede Kontrolle. Die Intervention der Moderatoren wiederum ruft ebenfalls schnell Ärger hervor, wenn seitens der Verfasser der Vorwurf des Eingreifens in die Meinungsfreiheit erhoben wird.

Nicht selten werden beispielsweise verfassungswidrige Inhalte oder Beiträge durch die Polizei verfolgt, obwohl die Identifizierung der Urheber nicht immer gelingt. Die (vermeintliche) Anonymität vieler Nutzerinnen und Nutzer, wenn sich diese mit unechten Daten hinter konstruierten Benutzernamen verstecken, scheint die Hemmschwelle deutlich herabzusetzen. Verbindliche Normen und Standards für das Handeln im Internet allgemein sowie speziell für den Umgang miteinander existieren nicht, und so summieren sich leider die oben erwähnten negativen Facetten des Internets, die durch die technologischen Fortschritte und Vereinfachungen für den durchschnittlichen Nutzer mit der Zeit entstanden sind.

Wenn Sie Ihre SuS befragen, so werden diese mit großer Sicherheit schon selbst negative Erfahrungen gemacht oder zumindest beobachtet haben. Umso wichtiger ist es, dass Sie mit ihnen über diese Themen sprechen, da die Jugendlichen das Internet täglich nutzen und *Kommunikation* einen Schwerpunkt ihres Handelns ausmacht (vgl. Kapitel „Das Smartphone - Ein ‚digitales Taschenmesser'"). Einzelne Aspekte werden in nachfolgenden Kapiteln genauer betrachtet (vgl. Themenfeld 3). Vorbereitend dafür stehen in diesem Teilthema grundlegende Überlegungen bezüglich der Voraussetzungen für ein nachhaltig funktionierendes Miteinander im Vordergrund. Angelehnt an die Zehn Gebote des Alten Testaments sollen die SuS zunächst überlegen, an welchen Stellen man besonders reflektiert im Internet agieren sollte, um davon ausgehend Handlungsempfehlungen zu entwerfen. Ansatzpunkte können sein:

Wie sollte man sich verhalten –

- im Umgang miteinander (z.B. Dialoge in Chats, Foren, Kommentarspalten oder Spielen)?
- bei Themen wie Datenschutz oder Datensparsamkeit?
- bei der Erstellung bzw. Präsentation von persönlichen Profilen in sozialen Netzwerken?
- hinsichtlich der Veröffentlichung von Texten, Fotos oder anderen Inhalten (Stichwort: Urheberrecht)?
- bei Themen wie Anonymität und Privatsphäre?
- beim Hinterlassen von „digitalen Spuren"?
- im Umgang mit Informationen bezüglich ihres Wahrheitsgehaltes?
- wenn man Unrecht im Internet beobachtet?

Aufgaben

KV 13, S.37

Die SuS setzen sich mit typischen „Schattenseiten" des Internets auseinander, indem sie entsprechende Begriffe definieren und mögliche Gefahren benennen.

Idee: Die einzelnen Beispiele können auch durch SuS in Form von (kurzen) Präsentationen aufbereitet werden.

KV 14, S.38

Die SuS formulieren in Gruppen Gebote, die ethisch korrektes Verhalten vorgeben. Die Ergebnisse werden präsentiert und auf Doppelungen hin verglichen. Aus allen Formulierungen wird nach Absprache eine bestimme Anzahl von besonders wichtigen Geboten herausgefiltert. Diese können im Nachhinein noch einmal auf ihre tatsächliche Tragfähigkeit hin überprüft werden.

Idee: Das Ergebnis des Unterrichts kann beispielsweise auf einem Plakat schriftlich festgehalten und der gesamten Schülerschaft zugänglich gemacht werden.

Streaming – Eine unterschätzte Gefahr für unsere Umwelt

Hinweise für Lehrkräfte

Es ist ein trüber Abend im Herbst. Draußen regnet es und der Wind wirbelt Blätter durch die Straßen. Sie haben Ihren Unterricht längst vorbereitet und Korrekturen stehen auch keine an – Zeit für die neue Folge Ihrer Lieblingsserie im Internet.

Auch Jugendliche nutzen Streaming-Plattformen immer häufiger, um sich allerlei Videos anzusehen oder gar selbst produzierte Videos dort einzustellen. Auch Angebote, bei denen der Nutzer Musik streamen kann, boomen. Sicherlich haben Sie schon mitbekommen, wie sich Ihre SuS über die neueste Folge einer gerade beliebten Serie unterhalten – vielleicht teilen Sie ihren Geschmack sogar und Sie tauschen sich mit ihnen darüber aus. Oder Sie haben die Angebote schon genutzt und sogar im Klassenraum ein Video zum aktuellen Unterrichtsthema gemeinsam mit den SuS geschaut. Am Beispiel von Statistiken zur bekannten und (auch bei den SuS) beliebten Videoplattform *YouTube* soll die Dimension nachfolgend aufgezeigt werden:

- Rund 2 Milliarden aktive Nutzer kann YouTube pro Monat aufweisen.
- Pro Minute werden circa 400 Stunden Videomaterial auf YouTube hochgeladen.
- Täglich werden circa 1 Milliarde Stunden an Videomaterial konsumiert.
- Immer mehr Benutzer bevorzugen YouTube anstelle des klassischen, linearen Fernsehprogramms.
- Viele Menschen verdienen mit YouTube eine Menge Geld durch Werbung.

Wenn Sie Ihre SuS einmal nach ihrer Nutzung des Angebotes fragen, so werden Sie vermutlich von vielen hören, dass sie es zur *Unterhaltung* oder auch zur *Information* regelmäßig aufsuchen (vgl. Kapitel „Das Smartphone – Ein ‚digitales Taschenmesser'“). Erklärvideos zu schulischen Themen werden immer beliebter, und es entstehen immer neue Videos, die Themen aufbereiten und anschaulich darstellen. So gehören sicherlich auch einige SuS zu den aktiven Nutzerinnen und Nutzern, die zur Sammlung von Videos im Internet beitragen, indem sie selbst Videos hochladen und gegebenenfalls eigene YouTube-Kanäle betreiben. Das sogenannte *Binge-Watching*, bei dem mehrere Episoden einer Serie am Stück konsumiert werden, ist ein beliebter Trend unter Jugendlichen und auch bei Erwachsenen verbreitet.

Neben *YouTube* gibt es auch Anbieter wie *Amazon* oder *Netflix*, die keine eigenen Beiträge gestatten, aber die Kunden mit einem breiten Angebot an Filmen und Serien anziehen („Video-on-Demand“). Auch pornographische Inhalte machen einen Großteil des Videoangebots im Internet aus. Anbieter wie *Spotify* oder *Apple Music bieten* eine große Anzahl an Musikstücken an, die direkt über das Internet gestreamt werden oder auf das eigene Gerät (Smartphone oder Tablet) heruntergeladen und somit auch ohne aktive Internetverbindung genutzt werden können.

Zahlreiche Beiträge im Internet, wie zum Beispiel Dokumentationen zu Themen wie Natur, Umwelt oder Umweltschutz finden sich unter den angebotenen Videos. Doch kaum jemand wird sich beim Thema *Streaming* darüber Gedanken machen, inwieweit dieses im Zusammenhang mit dem Umweltschutz steht. Es entsteht zwar kein Müll im engeren Sinne, wie beispielsweise bei der Produktion von CDs oder DVDs, doch die zunehmende Nutzung von Streaming-Angeboten ist laut verschiedenen Studien ebenfalls nicht gut für das Klima. Die Betreiber der Streaming-Angebote verfügen in der Regel über riesige Rechenzentren und die stetig zunehmende Nutzung führt zu immer größeren Datenmengen, die zwischen Betreiber und Endkunde hin und her pendeln. Neben einem hohen Stromverbrauch ist auch die Kühlung der Server ein Thema, das dem Nutzer erst einmal fremd ist, geschieht es doch weit von ihm entfernt und bleibt für ihn unsichtbar.

Neben den Anbietern von Video und Musik gibt es natürlich noch viele weitere Angebote im Internet, etwa die zahlreichen sozialen Netzwerke, die in den oben genannten Studien (noch) keine Rolle spielen, aber durch ihre ebenso intensive Nutzung auch enorm zur Belastung der Umwelt beitragen werden, sodass die zunehmende Digitalisierung auch in diesem Bereich betrachtet werden muss. Die Zahlen variieren: Ein Beispiel besagt, dass rund 20 Suchvorgänge beim Branchenprimus *Google* dem Stromverbrauch einer handelsüblichen Glühbirne mit der Leuchtdauer von einer Stunde entsprechen. Andere Zahlen vergleichen die Nutzung der gesamten komplexen IT-Infrastruktur mit dem weltweiten Flugverkehr, mit dem Ergebnis, dass Letzterer hinsichtlich des CO_2-Ausstoßes überholt wurde, Tendenz steigend.

Mögliche Aufgaben (ohne KV)

Konfrontieren Sie Ihre SuS doch einmal mit diesem Umstand sowie den Ergebnissen der entsprechenden Studien – sie dürften überrascht sein. Anschließend bietet sich eine Recherche verbunden mit einer Präsentation der Ergebnisse – eventuell auch gesamtschulisch – an.

Idee: Ihre SuS könnten in anderen Fächern (zum Beispiel Mathematik oder Physik) die Zahlen der oben erwähnten Studien in tatsächliche Kosten umrechnen. Beispielsweise könnten sie zunächst einmal die Anzahl der getätigten Suchvorgänge bei Google recherchieren – entsprechende Statistiken finden sich im Internet. Mit der oben genannten Angabe, dass 20 dieser Suchanfragen in etwa dem Stromverbrauch der Leuchtdauer einer Glühbirne von einer Stunde entsprechen, könnten die konkreten Kosten hierfür berechnet werden. Stetig steigende Zahlen in den zurückliegenden Jahren bedeuten somit auch gleichzeitig stetig steigende Kosten.

Künstliche Intelligenz (KI) – Fluch oder Segen für die Menschheit?

Hinweise für Lehrkräfte

Eines der zentralen und aktuellen Teilthemen der Digitalisierung ist die Künstliche Intelligenz (kurz: KI bzw. AI für *Artificial Intelligence*). Dabei handelt es sich um ein komplexes Thema mit vielen Kontroversen und zahlreichen Definitionen. Häufig werden hierfür Schlagworte wie *Algorithmen*, *machine learning* oder *Roboter* herangezogen.

Künstliche Intelligenz wird, wenn man dem allgemeinen Tenor in der Presse und in entsprechenden Sachbüchern folgt, ein zentrales Thema in den kommenden technologischen Entwicklungen sein und gilt als weiterer Meilenstein im Bereich der Digitalisierung des Alltags und der Gesellschaft. Als ein elementares Beispiel für Künstliche Intelligenz gelten Roboter, die diese auf humanoide Art und Weise verkörpern.

Schon heutzutage finden sich Formen von Künstlicher Intelligenz in unserem Alltag. In anderen Ländern, wie etwa Japan oder China, die große Fortschritte auf diesem Gebiet erzielen, ist das Thema noch weiter verbreitet als bei uns in Deutschland. Sicherlich nutzen Sie selbst schon entsprechende Technik, ohne sich dessen wirklich bewusst zu sein. Künstliche Intelligenz findet sich etwa in den nachfolgenden Gebieten:

- Suchmaschinen im Internet
- maschinelle Übersetzung von Texten oder Textfragmenten
- Bild- und Gesichtserkennung
- Computerspiele
- Autoindustrie (Produktion von Autos oder autonomes Fahren)
- Sprachassistenten (z.B. in Smartphones oder Smart Speakern)
- Medizin (z.B. zur Diagnose oder in der Prothetik)
- Agrarindustrie
- Wirtschaft (Produktion oder Kommissionierung)
- Börse (Analysen und Prognosen)
- usw.

Bei der Betrachtung von KI gibt es vor allem zwei Lager, die die Entwicklung entweder vergleichsweise euphorisch oder eher kritisch beurteilen. Weltuntergangsszenarien, in denen sich intelligente Maschinen die Menschen untertan machen, sind auch beliebte Inhalte für Filme oder in der Literatur. Eher abgeschwächte Kritik findet sich hinsichtlich des prognostizierten Verlusts von Arbeitsplätzen durch maschinelle KI, während Gegner dieser Position davon ausgehen, dass durch den Ausbau dieses Gebiets zahlreiche neue Arbeitsplätze entstehen werden, die es bis dato in der Form noch nicht gebe. Als ein extremes Beispiel hingegen gelten die sogenannten *Transhumanisten*, die sich durch KI eine Verbesserung oder sogar Aufhebung der vermeintlichen menschlichen Limitationen (physisch, psychisch oder intellektuell) erhoffen, um die Spezies Mensch zu optimieren. Die Aufhebung biologischer Grenzen oder Themen wie Unsterblichkeit werden hier als Ideal herangezogen und erinnern an Superhelden aus Comics und Filmen.

In jedem Fall herrscht Einigkeit über die zunehmende Bedeutung dieses Forschungsbereiches und über seine Auswirkungen in der Zukunft. So könnten aktuelle Schülergenerationen in der Zukunft vermehrt mit dieser Thematik konfrontiert werden, und neben der Möglichkeit der Mitgestaltung auf diesem Gebiet stellen sich verschiedene Fragen, die auf ethischer Ebene bereits diskutiert oder zukünftig voraussichtlich vermehrt in den Fokus geraten werden. Daher lohnt es sich, die SuS schon frühzeitig mit den Themen *KI* und *Robotik* vertraut zu machen und sie auf künftige Entwicklungen vorzubereiten.

Aufgaben

KV 15, S. 39

Die SuS lernen die drei Gesetze der Robotik von Isaac Asimov kennen, die häufig als Maßstab für die Thematik dienen. Außerdem setzen sie sich mit verschiedenen Beispielen von KI in Form von Robotern im Alltag auseinander.
Zudem werden sie mit einem Dilemma konfrontiert, das auch in der Presse kontrovers diskutiert wurde.

KV 16, S. 40

Das oben erwähnte Beispiel des Transhumanismus ist das Thema dieser Kopiervorlage. Da es ethische Fragestellungen aufwirft, die beispielsweise unter einer religiösen Perspektive bewertet werden können, bietet es Anregung für eine entsprechende Auseinandersetzung im Unterricht.

Impulse, die den SuS bei der Erledigung der Aufgabe auf KV 16 helfen können:

- ▷ Bevor die SuS sich dem Text widmen, könnte zunächst einmal der Terminus ‚Mensch 2.0‘ thematisiert werden. Die Angabe 2.0 könnte den SuS von Computersoftware bekannt sein. Hier bekommt eine neue Version immer einen Appendix in Form einer Zahl. Ein kleineres Update wird dabei üblicherweise mit der Stelle hinter dem Komma bzw. dem Punkt markiert (z. B. von Version 1.3 auf Version 1.4), während größere Veränderungen mit einer neuen Ziffer vor dem Komma bzw. dem Punkt angegeben werden (z. B. von Version 1.7 auf Version 2.0). Der Terminus ‚Web 2.0‘ beschreibt beispielsweise deutliche Veränderungen im Vergleich zur davor gewohnten Nutzungsform. Dazu gehört unter anderem, dass die Benutzer deutlich mehr partizipieren, indem sie selbst Inhalte erstellen und publizieren (der Fachbegriff hierfür ist User Generated Content; UGC). Waren es vorher nur vergleichsweise wenige Menschen, die über dezidierte Programmierkenntnisse verfügten, kann mittlerweile durch die entsprechende fortgeschrittene Technik jede/r zur Gestaltung des Internets beitragen. Was bedeutet nun der Ausdruck ‚Mensch 2.0‘ vor diesem Hintergrund?
- ▷ Lassen Sie die SuS außerdem mögliche Vor- und Nachteile bzw. Risiken aus dem Text herausarbeiten und stellen Sie diese beispielsweise tabellarisch dar. Außerdem lohnt sich ein Blick auf Themenbereiche wie „Das christliche Menschenbild“, ‚Die Stellung Gottes und des Menschen im biblischen Schöpfungsbericht“ sowie den damit verbundenen „Auftrag Gottes an die Menschen“ bezüglich der Gestaltung der Welt sowie der Übernahme von Verantwortung. Auch die „Fehlbarkeit des Menschen“ kann in diesem Rahmen angesprochen werden.

Impulse zur Digitalisierung

Lies die nachfolgenden Auszüge. Wähle (mindestens) zwei aus und nimm Stellung dazu, inwiefern sie sich als Maßstab für das Miteinander von Menschen im Internet eignen und wo sie im Alltag des Internets an Grenzen stoßen.

Grundgesetz § 1
(1) „Die Würde des Menschen ist unantastbar. Sie zu achten und zu schützen ist Verpflichtung aller staatlichen Gewalt."

Grundgesetz § 2
(1) „Jeder hat das Recht auf die freie Entfaltung seiner Persönlichkeit, soweit er nicht die Rechte anderer verletzt und nicht gegen die verfassungsmäßige Ordnung oder das Sittengesetz verstößt."

Grundgesetz § 3
(3) „Niemand darf wegen seines Geschlechts, seiner Abstammung, seiner Rasse, seiner Sprache, seiner Heimat und Herkunft, seines Glaubens, seiner religiösen oder politischen Anschauungen benachteiligt oder bevorzugt werden. Niemand darf wegen seiner Behinderung benachteiligt werden."

Grundgesetz § 5
(1) „Jeder hat das Recht, seine Meinung in Wort, Schrift und Bild frei zu äußern und zu verbreiten und sich aus allgemein zugänglichen Quellen ungehindert zu unterrichten. Die Pressefreiheit und die Freiheit der Berichterstattung durch Rundfunk und Film werden gewährleistet. Eine Zensur findet nicht statt."

Das Grundgesetz für die Bundesrepublik Deutschland (23.05.1949)

Der kategorische Imperativ
„Handle nur nach derjenigen Maxime, durch die du zugleich wollen kannst, dass sie ein allgemeines Gesetz werde."

Immanuel Kant (deutscher Philosoph der Aufklärung; 1724–1804)), in: Immanuel Kant. Werkausgabe Band VII. Weischedel, W. (Hg.), Suhrkamp: Frankfurt a.M., 1977, S. 51.

Das achte Gebot
„Du sollst nicht falsch gegen deinen Nächsten aussagen!"

Gott (vgl. Exodus 20,16; Altes Testament)

Die Goldene Regel
„Und wie ihr wollt, dass euch die Menschen tun sollen, das tut auch ihr ihnen!"

Jesus (vgl. Lukas 6,31; Neues Testament)
Die Bibel (Einheitsübersetzung)

Artikel 1
„Alle Menschen sind frei und gleich an Würde und Rechten geboren. Sie sind mit Vernunft und Gewissen begabt und sollen einander im Geiste der Brüderlichkeit begegnen."

Artikel 7
„Alle Menschen sind vor dem Gesetz gleich und haben ohne Unterschied Anspruch auf gleichen Schutz durch das Gesetz. Alle haben Anspruch auf gleichen Schutz gegen jede Diskriminierung, die gegen diese Erklärung verstößt, und gegen jede Aufhetzung zu einer derartigen Diskriminierung."

Artikel 19
„Jeder hat das Recht auf Meinungsfreiheit und freie Meinungsäußerung; dieses Recht schließt die Freiheit ein, Meinungen ungehindert anzuhängen sowie über Medien jeder Art und ohne Rücksicht auf Grenzen Informationen und Gedankengut zu suchen, zu empfangen und zu verbreiten."

Allgemeine Erklärung der Menschenrechte der Vereinten Nationen (10.12.1948)

Die Zehn Gebote 2.0 – Warum wir sie gebrauchen können

A Neben vielen Vorteilen der Digitalisierung werden auch häufig Nachteile benannt und Kritik geäußert. Recherchiere die Bedeutung der Begriffe. Benenne mögliche Gefahren und was man daran kritisch betrachten sollte.

Definition/Beispiele	Gefahren/Kritik
Cybermobbing	
Hate Speech	
Fake News	
Shitstorm	
Bodyshaming	
Sexting	
Selbstinszenierung in sozialen Netzwerken	
Big Data/„Der gläserne Mensch“	
Social Scoring	
Anonymität	

Autor: Christoph Dröge · Mensch + Digitalisierung · ISBN 978-3-589-16672-5

Unsere Vorschläge für ein funktionierendes digitales Miteinander

A Überlegt euch als Gruppe, wie man sich im Internet verhalten sollte. Formuliert eure Vorschläge als Gebote und notiert sie.

Unsere ______ Gebote

KI – Fluch oder Segen für die Menschheit? – Roboter im Alltag

Die drei Gesetze der Robotik nach Isaac Asimov

1. Gesetz
Ein Roboter darf einem menschlichen Wesen keinen Schaden zufügen oder durch Untätigkeit zulassen, dass einem menschlichen Wesen Schaden zugefügt wird.

2. Gesetz
Ein Roboter muss den Befehlen gehorchen, die ihm von Menschen erteilt werden, es sei denn, dies würde gegen das erste Gebot verstoßen.

3. Gesetz
Ein Roboter muss seine eigene Existenz schützen, solange solch ein Schutz nicht gegen das erste oder zweite Gebot verstößt.

In: Meine Freunde, die Roboter. Asimov, Isaac. Heyne: München, 1982, S. 67.

Mögliche Beispiele für den Einsatz von Robotern im Alltag:

- ▷ Roboter können in der Wirtschaft eingesetzt werden, um schwere und gefährliche Arbeitsprozesse zu erledigen (z.B. in kerntechnischen Anlagen oder zur Entsorgung von giftigen Stoffen).
- ▷ Roboter können in der Pflege zur Unterstützung von alten und kranken Menschen eingesetzt werden (z.B. als Hilfe beim Aufstehen, als Gesprächspartner und zur Unterhaltung).
- ▷ Roboter können in der Schule eingesetzt werden und Lehrer unterstützen oder diese sogar ersetzen (z.B. als individuelle Lernhilfe oder zum gemeinsamen Lernen).
- ▷ Roboter können für militärische Zwecke eingesetzt werden (z .B. mit Waffen ausgestattet in Kriegen oder anderen Konflikten).
- ▷ Menschen können im Dienstleistungsgewerbe wie in Restaurants oder Hotels eingesetzt werden (z.B. um Essen zu servieren oder zur Reinigung).

A 1. Welche Einsatzmöglichkeiten für Roboter und Künstliche Intelligenz erachtest du als erstrebenswert und welche lehnst du ab? Begründe deine Antworten und nenne dabei mögliche Vor- und Nachteile.

Stelle dir die folgende Situation vor:

Ein selbstfahrendes Auto fährt eine Straße entlang. Trotz aller verbauten Sensoren gerät das Auto auf der schneebedeckten und vereisten Fahrbahn ins Schleudern. Das Auto gerät außer Kontrolle und muss sich zwischen zwei Richtungen entscheiden. Wenn es nach links fährt, steuert es mit voller Geschwindigkeit in eine Gruppe von älteren Personen, und wenn es nach rechts fährt, wird es in eine Bushaltestelle fahren, in der ein kleiner Junge gerade auf den Bus wartet.

A 2. Wie sollte das Auto für derlei Entscheidungssituationen programmiert werden und was soll es in der beschriebenen Situation tun?

Autor: Christoph Dröge · Mensch + Digitalisierung · ISBN 978-3-589-16672-5

Transhumanismus – Der Entwurf des „Menschen 2.0“

Der Transhumanismus ist eine Sammelbezeichnung für weltanschauliche Strömungen, die die natürlichen Grenzen des Menschseins technisch erweitern möchten und auf die Vervollkommnung des Menschen abzielen. Manche überzeugten Transhumanisten streben sogar die Unsterblichkeit an. Kritiker wie Jürgen Habermas vergleichen diese Bewegung mit der „Weltanschauung einer Sekte“. Was sind ihre ethischen und weltanschaulichen Herausforderungen?

Riesige Fortschritte gab es in der Bio- und Medizintechnik. Krankheiten können heute viel besser diagnostiziert und behandelt werden, was eine längere Lebensdauer und eine höhere Lebensqualität mit sich bringt. Allerdings werfen die technischen Errungenschaften auch neue, schwerwiegende ethische Fragen auf, zum Beispiel in der Pränataldiagnostik.

Zukunftsvisionen

Der israelische Historiker Yuval Noah Harari, ein praktizierender Buddhist und überzeugter Transhumanist, skizziert in dem Bestseller „Homo Deus“ die nächste Evolutionsstufe des Menschen: Durch verbesserte Mensch-Maschinen-Schnittstellen kann der Mensch Fähigkeiten erlangen, die früher den Göttern zugesprochen wurden. Homo sapiens ist gottgleich geworden. Mithilfe von Wissenschaft und Technik hat er die Fähigkeit erworben, sein Schicksal selbst zu lenken. Kriege und Krankheiten werden dadurch zurückgehen, weltweit steigt die Lebensqualität. Harari sieht den Transhumanismus als die Religion der Postmoderne, weil Sinn ganz nach Belieben hergestellt werden könne. Mensch-Maschine-Hybride und intelligente Computer werden demonstrieren, dass Intelligenz nicht an ein individuelles Bewusstsein gekoppelt sein muss, davon ist Harari überzeugt.

Anliegen

Die Bezeichnung „Transhumanismus“ wurde erstmals 1957 von dem Biologen Julian Huxley, dem Bruder Aldous Huxleys, geprägt. Er definierte den Transhumanisten als einen Menschen, der „Mensch bleibt, aber sich selbst, durch Verwirklichung neuer Möglichkeiten von seiner und für seine menschliche Natur, überwindet“. Die natürlichen Grenzen des Menschseins, alle Schwächen, Fehler, der Alterungsprozess bis hin zum Sterben, sollen im Transhumanismus beseitigt werden. Die Anwendung der neuesten technischen Möglichkeiten soll in beständiger „Selbstüberwindung“ zu einer immer höheren Lebensqualität führen.

Transhumanisten haben die kühne Vision eines Menschen, der mittels neuer Technologien in seine eigene Evolution aktiv steuernd eingreift. Das „Mängelwesen“ Mensch soll biologisch und technisch weiter „verbessert" werden, bis es die nächste evolutionäre Stufe erreicht – eine perfekte Maschine wird, die ohne Pausen, Nahrung oder Schlaf auskommt. Damit könne auch die letzte Grenze des Menschseins überwunden werden – seine Sterblichkeit.

Die wichtigsten für den Transhumanismus relevanten Technologien, die heute schon eingesetzt werden, sind Prothesen und neurologische Implantate, genetische und pharmakologische Veränderungen, die künstliche Intelligenz sowie die Kryonik, das heißt die Frostkonservierung von Organismen oder einzelnen Organen, meistens des Gehirns, um sie – sofern möglich – in der Zukunft „wiederzubeleben“. Mithilfe dieser Technologien werden nach Einschätzung ihrer Vertreter transhumane Wesen entstehen, die dem normalen Menschen an

Lebenserwartung, Gesundheit, körperlicher und geistiger Fitness überlegen sein werden. Manche Philosophen skizzieren einen „Posthumanismus“ als ein Entwicklungszeitalter nach der Menschheit, in dem eine künstliche, computergestützte „Superintelligenz“ ein konflikt- und leidensfreies Leben ermögliche.

Ethische Fragen

Ray Kurzweil, ein Pionier der transhumanen Bewegung und „Director of Engineering“ beim Google-Konzern, setzt gezielt auf die Veränderung und Überwindung des alternden und ermüdenden menschlichen Körpers. Nach seiner Vision sollen schon bald sehr kleine Roboter in der Blutbahn Viren, Bakterien, und Krebszellen bekämpfen. Wenn man voraussetzt, dass Bewusstsein, Geist und Identität auf physikalischen Prozessen beruhen, könnte ein sogenanntes „mind uploading“ angewendet werden. Ein menschlicher Bewusstseinszustand wird digital auf ein neues, künstliches System übertragen – damit soll der sterbliche Körper überflüssig werden. Als bekanntester Vertreter des Transhumanismus beschwört Kurzweil die Vision einer postbiologischen Neo-Menschheit.

Diese Entwicklungen werfen weitreichende ethische Fragen auf, zumal in vielen Ländern transhumanistische Parteien gegründet wurden, auch in Deutschland (www.transhumanismus.eu). In den USA haben die genannten großen Internetfirmen vor einem Jahr gemeinsam eine Ethikkommission zur Künstlichen Intelligenz gegründet. Sie geht allerdings von der Prämisse aus, dass die Künstliche Intelligenz Menschen und Gesellschaft nur großen Nutzen bringt. Aber sollte man die Klärung ethischer Fragen der Wirtschaft überlassen? Es wird spannend sein zu beobachten, ob die Kommission eingreift, wenn eine Geschäftsidee im Widerspruch zu einem ethischen Grundprinzip oder Menschenrecht steht.

Einschätzung

Der Transhumanismus gründet auf einem materialistischen Idealismus, für den eine perfekte Maschine das Maß aller Dinge ist. Konzepte wie Seele, Ich oder Selbst halten die Vertreter des Transhumanismus für eine Idee vergangener Epochen, weil sie empirisch nicht nachzuweisen seien. Damit wollen Post- und Transhumanisten entschieden alle dualistischen Anthropologien des Humanismus überwinden. Gleichgültig, ob es sich um einen antiken oder einen Renaissance-Humanismus, einen christlichen, kantischen oder säkularen Humanismus handelt – immer stehen sich in einer dualistischen Ontologie Natur und Kultur, Geist und Materie, Seele und Welt, Mensch und Gott gegenüber. Die Mehrheit der Transhumanisten ist monistisch orientiert und vertritt ein materialistisch-naturalistisches Weltbild, dem es darum geht, „welche Techniken am vielversprechendsten sind, um die Wahrscheinlichkeit der Entstehung des Posthumanen zu erhöhen“ (Sorgner 2016). Kritiker hingegen halten die Maxime der Selbstoptimierung für eine gefährliche Utopie.

Der technische Fortschritt an sich ist weder gut noch böse, sondern eine Chance, seine Errungenschaften verantwortlich zu nutzen. Eine angstbesetzte Verteufelung ist ebenso fehl am Platz wie eine unkritische Übernahme der euphorischen Heilsversprechen.

Was die Prognosen zur Umsetzung der digitalen Revolution betrifft, ist Zurückhaltung angezeigt, weil Visionäre das Tempo überschätzen: „Im Jahr 2019 sind Computer weitgehend unsichtbar … Die Menschen benutzen dreidimensionale Displays, die in ihren Brillen oder Kontaktlinsen eingebaut sind“ (Kurzweil 2000).

Die technophile Weltanschauung des Transhumanismus übersieht die Erste-Person-Perspektive der Ich-Erfahrung, die sich nicht digital abbilden lässt. Die Ich-Erfahrung umfasst neben

Gehirnprozessen auch das Körpererleben. Die Gesamtheit der Körper-Seele-Geist-Einheit im Selbstbewusstsein ist computertechnisch nicht zu erfassen. Zwar können bestimmte Aspekte menschlichen Wahrnehmens, Denkens und Handelns als Informationsverarbeitungsprozesse modelliert werden. Komplexe menschliche Fähigkeiten wie emotionale Intelligenz, Weisheit oder Mitgefühl übersteigen aber die Möglichkeiten einer Software. Ein Roboter träumt und weint nicht, er kann nicht über sich lachen. Eine Maschine arbeitet elektrisch-digital, das Gehirn neurobiologisch-psychosomatisch. Das menschliche Selbstbewusstsein lässt sich nicht in einen Algorithmus pressen.

Als Geschöpf und gleichzeitig Ebenbild Gottes ist der Mensch beauftragt, selbst schöpferisch tätig zu werden und die Welt zu gestalten und zu bewahren (Gen 1,28). Dafür alle technischen Möglichkeiten zu nutzen, entspricht dem Auftrag. Gleichzeitig gilt es, die Grenzen des Menschseins zu akzeptieren und nicht transhuman zu übersteigern. Der Transhumanismus wird zu einem Götzendienst, wenn als einziges Lebensziel die Perfektionierung übrigbleibt. Als soziales Wesen ist der Mensch auf die Beziehung zu einem Gegenüber angewiesen, das sich von ihm unterscheidet. Zwei ähnlich optimierte Festplatten werden keine Liebesbeziehung miteinander eingehen.

Prof. Dr. Michael Utsch, Oktober 2017

Gekürzt; nach: Prof. Dr. Michael Utsch, 2017: Transhumanismus.
Abrufbar unter: https://www.ezw-berlin.de/html/3_9616.php

Lies den Beitrag zum Transhumanismus. Nimm anschließend persönlich und begründet Stellung zu der folgenden Frage:

„Ist der Transhumanismus eine Chance für die Menschheit, oder ist er vielmehr ein gefährlicher Eingriff in die Natur und Gottes Schöpfung?“

3. Themenfeld: Die Risiken und Gefahren der Digitalisierung

Normale Nutzung oder schon Sucht?

Hinweise für Lehrkräfte

Jugendliche nutzen das Smartphone in ihrer Freizeit scheinbar pausenlos. Je nachdem, wie Ihre Schule den Umgang mit den Geräten in der Schule geregelt hat, werden Sie dies wohl täglich erleben. Sollte die Nutzung auf die Pause und den Schulhof beschränkt sein, dann lässt sich beobachten, wie der erste Griff nach Verlassen des Schulgebäudes in die Hosentasche geht, um das Smartphone zu zücken. Auch Kopfhörer scheinen eine Art Renaissance zu erleben, sie gehören zum Outfit vieler SuS. Vielleicht haben Sie auch schon einmal einen Konflikt wegen eines Verstoßes gegen schulische Regeln gehabt und daraufhin das Smartphone einer Schülerin oder eines Schülers „eingezogen“ oder dies zumindest angedroht – erinnern Sie sich an die Reaktion der betroffenen Person?

Laut *JIM-Studie* (jährlich aktualisiert und herausgegeben vom Medienpädagogischen Forschungsverbund Südwest – übrigens eine wunderbare Quelle für vielfältige Einsichten in das Thema „Jugendliche und die Digitalisierung“; vgl. Kapitel „Das Smartphone – Ein ‚digitales Taschenmesser‘“ in diesem Themenheft) verfügt nahezu jede/r Jugendliche über ein eigenes Gerät. Auch die Nutzungszeiten steigen jährlich an: Das Smartphone wird für viele Bereiche der Freizeit intensiv genutzt, vor allem zur *Kommunikation* und zur *Unterhaltung* (Spiele, Videos, Musik etc.). Auch zur *Information* und für schulische Zwecke (Lernen, Aneignung von Wissen) findet es zunehmend Verwendung (vgl. Kapitel „Das Smartphone – Ein ‚digitales Taschenmesser‘“).

Eine negative Auswirkung dieses Trends ist die sogenannte Handy- bzw. Smartphone-Sucht, die eine besonders intensive Nutzung inklusive bedenklicher Konsequenzen umfasst. Bei der Recherche zu diesem Phänomen wird deutlich, dass es zwar ein sehr aktuelles, aber gleichzeitig auch ein sehr umstrittenes Thema ist, das aus vielen Perspektiven beleuchtet wird und als „Horrorszenario“ vieler Pädagogen, Eltern und Wissenschaftler gilt.

Zweifelsohne ist es besorgniserregend, wenn Jugendliche nachweislich süchtig nach bzw. abhängig von ihrem Smartphone sind. Andererseits muss man bedenken, dass sich *Information*, *Kommunikation* und *Unterhaltung* im Vergleich zur Vergangenheit deutlich verändert haben und das Smartphone hierbei eine Art „Schlüsselfunktion“ hat – übrigens auch für viele Erwachsene.

Als heutiger Erwachsener hatte man in seiner Kindheit verschiedene Geräte zur Verfügung, mit denen man seine Freizeit gestaltet hat: einen Fernseher, ein Video- bzw. DVD-Abspielgerät inklusive einer Sammlung von VHS-Kassetten oder DVDs mit den Lieblingsfilmen, ein Festnetztelefon, mit dem man eventuell stundenlang mit der besten Freundin oder dem besten Freund telefoniert hat, später dann ein Handy – ebenfalls um zu telefonieren oder um SMS zu schreiben. Außerdem eine Stereoanlage für die eigenen Kassetten oder CDs, später dann den mobilen MP3-Player. Abgerundet wurde die Sammlung durch eine Digitalkamera mit Speicherkarte, und auch ein Computer zum Spielen, zum Surfen im Internet oder eine eigene Videospielkonsole gehörten zur Ausstattung etlicher Kinderzimmer. Viele dieser Geräte sind heutzutage vereint in einem Smartphone (vgl. Kapitel „Das Smartphone – Ein ‚digitales Taschenmesser‘“ in diesem Themenheft, insb. KV 7).

Dennoch gibt es Alarmsignale, die auf eine eventuelle Sucht und Abhängigkeit hinweisen, zum Beispiel:

- ▷ die Angst, etwas zu verpassen, wenn man sein Smartphone nicht ständig in Reichweite hat und es nicht immer wieder benutzt (die sogenannte *fear of missing out*),
- ▷ psychische oder körperliche Reaktionen, wenn das Smartphone aus verschiedenen Gründen gerade nicht verfügbar ist (vergessen, defekt, der Akku ist leer, die Eltern haben es „einzogen" ...),
- ▷ der Verstoß gegen (evtl. selbst auferlegte) Grenzen der Nutzung sowie gegebenenfalls eine heimliche Nutzung,
- ▷ die deutliche Fokussierung auf das Gerät und Aktivitäten im Internet.

Für eine spezielle Diagnose ist man als Lehrkraft natürlich nicht ausgebildet. Trotzdem ist die Smartphone-Sucht ein Thema, das in der Schule Beachtung finden sollte, damit die SuS darüber informiert sind und sich die Gefahr bewusst machen. Die Kopiervorlage 17 (siehe unten) bietet Fragen und Denkanstöße, die die SuS zunächst für die Problematik sensibilisieren sollen.

Aufgaben

KV 17, S. 53

Der Fragebogen soll die SuS zur Reflexion über ihre Smartphone-Nutzung anregen; er kann Ausgangspunkt für die Thematisierung im Unterricht sein.

Wenn Sie den Eindruck haben, dass einzelne SuS eine Nutzung des Smartphones zeigen, die über das „normale" Maß hinausgeht, sollten Sie zunächst mit den Erziehungsberechtigten sprechen, um zu klären, ob diese Ihren Eindruck teilen.

Viele Internetseiten (zum Beispiel Klicksafe oder Handysektor) bieten Materialien für den Unterricht an, wenn Sie das Thema vertieft behandeln möchten. Auch kann es sich lohnen, Experten hinzuzuziehen. Informationen hierzu erhalten Sie meistens ebenfalls über die Internetangebote der genannten Anbieter oder – noch besser – von lokalen Experten oder Beratungsstellen.

Digitales Fasten

Hinweise für Lehrkräfte

Fasten ist eine bewusste Einschränkung oder ein bewusster Verzicht auf etwas für einen festgelegten Zeitraum. Ähnlich wie bei Neujahrsvorsätzen macht man sich Gedanken über einen (zumindest temporären) Wandel der Lebensgewohnheiten. Es gibt verschiedene Möglichkeiten des Fastens, etwa im Bereich der Lebensmittel (kein Fastfood, kein Zucker, keine Süßigkeiten ...), anderer Laster (kein Alkohol, keine Zigaretten ...) oder täglicher Routinen (mit dem Rad statt mit dem Auto zur Arbeit oder zum Einkaufen zu fahren).

Auch die Bibel berichtet an vielen Stellen vom Fasten. Bestimmte Personengruppen – etwa die Mönche, die in Askese leben – verzichten auf vielerlei Dinge in ihrem Alltag. Aus eigener Erfahrung oder aus Ihrem Familien- und Freundeskreis wissen Sie sicherlich, wie schwierig es sein kann, das Fasten über einen längeren Zeitraum tatsächlich durchzuhalten. Je mehr man sich an etwas gewöhnt hat, desto schwieriger ist der Verzicht darauf. Trotzdem gibt es jährlich zahlreiche Kampagnen, die zum Fasten aufrufen. Thematisieren Sie im Unterricht daher ruhig zunächst einmal die Idee des Fastens an sich und lassen Sie Ihre SuS erzählen, welche Arten des Fastens ihnen bekannt sind, wo und wie sie schon mit dem Thema konfrontiert wurden.

Das **„Digitale Fasten"** ist in den letzten Jahren stärker in den Blick der Öffentlichkeit gerückt und auch unter der Bezeichnung *Digital Detox* bekannt. Vor 10, 15 oder 20 Jahren wäre ein Verzicht auf das Handy vielen Menschen sicherlich deutlich leichter gefallen als heute, wo auch immer weniger Haushalte über einen Festnetzanschluss verfügen. Um die konkrete Lebenswelt Ihrer SuS zu berücksichtigen, können Sie an dieser Stelle vor allem auf die Eindrücke und Ergebnisse aus der Bestandsaufnahme vom Themenfeld 1 in diesem Arbeitsheft zurückgreifen.

Es gibt bereits einzelne Studien, die Kinder bzw. Jugendliche dazu aufrufen, ihr Medienverhalten kritisch zu reflektieren, um das eigene Bewusstsein dafür zu schärfen. Diese Studien haben Ergebnisse veröffentlicht, die belegen sollen, dass viele Menschen (auch Erwachsene) unter digitalem Stress leiden, wenn sie beispielsweise viele Male am Tag ihr Smartphone entsperren, stets erreichbar sein wollen oder dies als Pflicht empfinden, sich nicht auf andere Aufgaben konzentrieren können oder auch durch die Mitgliedschaft in diversen Gruppenchats permanent Nachrichten empfangen oder darauf reagieren. Ebenfalls gibt es Studien dazu, wie häufig man sein Gerät täglich entsperrt, um es zu benutzen, wie viel Zeit man (durchschnittlich) für technische Geräte aufwendet oder welche Auswirkungen der Konsum auf das Schlafverhalten hat. Auch extreme Formen wie ein Suchtverhalten im Hinblick auf Smartphones, Tablets, Videospiele, Konsolen etc. geraten zunehmend in den Fokus der Öffentlichkeit und bieten Ansätze zur Thematisierung im Unterricht (vgl. Kapitel „Normale Nutzung oder schon Sucht?" in diesem Themenheft).

Sehr detaillierte Ergebnisse erhalten Sie bzw. Ihre SuS selbst, wenn Sie die SuS bitten, ihr Nutzungsverhalten zu protokollieren oder mithilfe der Geräte die Daten auszulesen und diese auszuwerten. Bei vielen Smartphones sind entsprechende Funktionen bereits integriert und die Resultate werden in Form von Zahlen und/oder Statistiken dargestellt. Dabei lassen sich viele Einstellungen zur differenzierten Betrachtung vornehmen – etwa zu Fragen wie *„Welche App habe ich wie häufig und wie lange benutzt?"* oder *„Wie viel Zeit habe ich in dieser Woche an meinem Smartphone verbracht?"*. Auch eine Limitierung der gesamten Nutzung oder von einzelnen Funktionen bzw. Apps ist möglich, wenn eine Reduzierung statt eines kompletten Verzichts gewünscht ist. Sind derlei Funktionen nicht vorhanden, kann man sie mit entsprechenden Apps „nachrüsten".

KV 18, S.54

Aufgaben:

Die SuS erhalten das Protokoll und füllen es individuell aus. Einzelne Teile können leer bleiben bzw. werden begleitend zur Durchführung des digitalen Fastens ausgefüllt.

Grundsätzliches

Die Durchführung einer solchen Aktion innerhalb eines Kurses oder einer Klasse kann natürlich an die Fastenzeit im Kalenderjahr angebunden werden – sie ist aber auch zu jedem anderen Zeitpunkt denkbar. Die SuS sollten Möglichkeiten der Partizipation haben und ihre Ideen einbringen können – etwa bei der Planung, der konkreten Umsetzung oder auch der Reflexion –, da es ja um sie selbst und um ihren Medienkonsum geht.

Bedenken Sie, dass ein digitales Fasten durchaus einen größeren Eingriff in die Gewohnheiten und den Alltag Ihrer SuS bedeuten kann. Diese (für einige Kinder und Jugendliche) gravierende Umstellung sollte idealerweise pädagogisch durch Sie als Lehrkraft oder auch durch die Eltern begleitet werden. Überlegen Sie, ob Sie die Eltern mit einer schriftlichen Information über die Aktion mit „ins Boot holen“. Neben der Transparenz hinsichtlich Ihres Unterrichts kann die Einbindung des Elternhauses auch dafür sorgen, dass die SuS bei der Durchführung des Fastens von ihren Eltern unterstützt werden. Es sollte selbstverständlich sein, dass die Teilnahme der SuS am digitalen Fasten komplett freiwillig erfolgt und eine Nicht-Teilnahme oder ein Abbruch zu keinerlei Nachteilen führen. Sie können die SuS aber durchaus motivieren und die Wichtigkeit einer kritisch reflektierten Nutzung digitaler Medien betonen. Sollten die SuS zur Protokollierung oder Erhebung von Nutzungsdaten eine App benötigen, sollten Sie als Lehrkraft darauf achten, dass diese kostenlos ist und auch grundlegende Vorgaben zum Datenschutz und zur Vermeidung von Werbung o. Ä. eingehalten werden. Entsprechende Angebote finden Sie mittels Suchmaschine; Sie können sie den SuS bzw. den Eltern anschließend empfehlen.

Idee: Detailliertere Ergebnisse erhalten Sie und Ihre SuS, wenn die SuS neben der Protokollierung, die die Kopiervorlage anbietet, eine Art „Fastentagebuch“ oder ein Portfolio begleitend erstellen und pflegen. Hier können Sie differenzieren, indem die Art und Weise der Gestaltung, des Umfangs, der Frequenz oder der Umgang mit den Ergebnissen variieren.

Cybermobbing

Hinweise für Lehrkräfte

Mobbing gehört an vielen Schulen leider zum Alltag. Dabei gibt es mindestens ein Opfer und mindestens einen Täter, und es geht über einen einmaligen Vorfall (wie eine Streiterei oder eine Beleidigung) hinaus. **Cybermobbing** ist – vereinfacht gesagt – ein Mix aus dem gerade beschriebenen Mobbing und den Möglichkeiten der Digitalisierung. Das Mobbing geschieht hierbei mithilfe von technischen Mitteln der Informations- und Kommunikationstechnologien. Als Synonym existiert der Begriff *Cyberbullying*, der vermehrt im englischsprachigen Raum genutzt wird. Es sind verschiedene Szenarien denkbar:

- Über ein Programm oder eine App zum Chatten werden wiederholt und gezielt Beleidigungen versendet oder Unwahrheiten verbreitet.
- Bei Gruppenchats (zum Beispiel in einer Gruppe, in der alle aus einer Klasse bzw. einem Kurs versammelt sind) werden einzelne Personen bewusst ausgeschlossen.
- Es werden Videos mit diffamierendem Inhalt in einem Videoportal hochgeladen.
- Es werden Fotos mit diffamierendem Inhalt hochgeladen oder diese werden als Fotomontage eigens erstellt (etwa ein unechter Gesprächsverlauf in einem Chat).

Dabei werden die Vorteile, welche die neuen technologischen Entwicklungen für die durchschnittliche Nutzerin bzw. den durchschnittlichen Nutzer bereithalten, für fragwürdige Zwecke missbraucht:

- Da nahezu jede/r Jugendliche ein Smartphone fast immer dabei hat, kann dieses schnell benutzt werden, um von anderen Menschen (etwa in unpassenden Situationen) eine Foto- oder Videoaufnahme zu machen.
- Der Umstand, dass ein Smartphone etliche Funktionen in einem Gerät vereint (vgl. KV 7), erlaubt es, ein aufgenommenes Foto oder Video unmittelbar zu bearbeiten und dann direkt online zu stellen.
- Im Gegensatz zu früher gibt es heute zahlreiche Internetangebote – als Webseite oder als App – die es erlauben, eigene (kreative) Inhalte zu erstellen. Man muss keine oder nur wenige technische Programmierkenntnisse haben, um schnell anschauliche Ergebnisse erstellen zu können.
- Durch die Nutzung von internetbasierten Angeboten und der Technik, mit der Jugendliche ausgestattet sind, kann Cybermobbing im Vergleich zum „normalen“ Mobbing weitreichender sein, da es kaum Grenzen gibt (z. B. das Verlassen des Schulgebäudes nach Unterrichtsschluss) und die Vorfälle die Betroffenen im extremen Fall bis in ihr eigenes Zimmer (ein eigentlich höchst privater Rückzugsort) verfolgen, sodass eine Flucht somit aussichtslos zu sein scheint.

Entsprechenden Studien zufolge hat schon ein Großteil der Jugendlichen Erfahrungen mit Cybermobbing gemacht – sei es als betroffene Person, als Täter oder zumindest als jemand, der Zeuge von Vorfällen war. Neben den beschriebenen Charakteristika gilt es einen weiteren – ganz zentralen – Umstand zu beachten. Dieser ist vielen Jugendlichen auch bei anderen Szenarien (etwa beim Thema Datenschutz und -sensibilität) nicht immer bewusst. Stellvertretend dafür steht die leicht bedrohlich klingende Aussage: **„Das Internet vergisst nicht(s)!“**

Gemeint ist damit die Tatsache, dass beispielsweise ein hochgeladener Inhalt (Text, Foto, Video …) erst einmal aus der Reichweite und damit aus der Kontrolle des Urhebers gerät, da nicht immer nachvollziehbar ist, auf welchen Servern die Daten landen, ob sie weiterbenutzt werden, wer über sie verfügt etc. Ein zweiter Aspekt ist die (eventuell sogar ungewollte) Vervielfältigung von Inhalten durch Dritte. So kann ein Video aus dem Internet heruntergeladen werden, ein Foto kann ebenfalls abgespeichert werden oder es wird ein

Screenshot als Abbild angefertigt. Gleiches gilt für Texte und andere angezeigte Informationen. Dies führt dazu, dass, selbst wenn ich als Urheber/Urheberin etwas lösche (vielleicht, weil ich es bereue), ich nicht davon ausgehen kann, dass alle Daten unwiderruflich beseitigt sind und dass keine Kopien o.Ä. davon existieren. Dies zeigt sich häufig in den sozialen Netzwerken. Als beispielsweise ein Amoklauf per Livestream vom Täter geteilt wurde, haben etliche Nutzerinnen und Nutzer eine Kopie des Videos angefertigt, ehe die Verantwortlichen reagieren konnten und den Inhalt gelöscht haben. Somit existieren die Kopien weiterhin, sie wurden an anderer Stelle im Internet hochgeladen und weiter verbreitet.

Als Lehrkraft sollten Sie bei der Thematisierung von Cybermobbing einige Dinge beachten, ehe Sie mit Ihren SuS darüber sprechen. So kann es beispielsweise sein, dass einzelne SuS zeitgleich aktiv in Vorfälle (sei es als Opfer oder als Täter) involviert sind. Bei einem derart sensiblen Thema kann es auch passieren, dass man „alte Wunden" aufreißt. Auch ist es denkbar, dass man durch das Thema und die Auseinandersetzung mit Details erst „schlafende Hunde" weckt und einzelne SuS dazu inspiriert, Cybermobbing zu betreiben. Jedoch sollte dies nicht verhindern, dass Cybermobbing im schulischen Rahmen angesprochen wird, da es die Lebenswelt und den Alltag der SuS unmittelbar betrifft. Wenn man sich als Lehrkraft unsicher fühlt oder es sich ergibt, dass Vorfälle zutage treten, sollte man sich Unterstützung holen. Externe Ansprechpartner und auch entsprechende Materialien finden sich meistens in der lokalen Umgebung bzw. im Internet.

Aufgaben

KV 19, S. 55

Die SuS notieren zunächst eine Definition sowie Beispiele. Anschließend halten sie schriftlich fest, ob sie bereits Erfahrungen mit dem Thema gemacht haben. Zudem sollen sie überlegen, wie man mit derartigen Vorfällen umgehen kann und sollte.

Idee: Es bietet sich an, im Zuge der Thematisierung von Cybermobbing auch die oben erwähnten Umstände, die es begünstigen können, zu besprechen. Auch der Satz „Das Internet vergisst nicht(s)!" kann von den SuS interpretiert und entsprechende wünschens- oder empfehlenswerte Verhaltensweisen können hiervon abgeleitet werden.

Bodyshaming

Hinweise für Lehrkräfte

„Zu dick, zu dünn, zu groß, zu klein!“ Solche und ähnliche Kommentare und Etikettierungen finden sich immer wieder in Verbindung mit Fotos von Menschen im Internet, insbesondere in sozialen Netzwerken, für die von den Nutzern hochgeladene Fotos das Fundament bilden. Schnell driften diese Kommentare jedoch in Beleidigungen und fragwürdiges Verhalten ab und werden zu einem Angriff auf die abgebildete Person.

Der Begriff **Bodyshaming** beschreibt dieses Phänomen, bei dem (vermeintlich) normative und gesellschaftliche Schönheitsideale Auswirkungen auf die Selbstwahrnehmung und -darstellung haben. Es kann einerseits die *Eigenwahrnehmung* meinen, wenn sich Nutzerinnen und Nutzer an anderen Personen orientieren und durch den Vergleich Unzulänglichkeiten am Selbstbild ausmachen. Andererseits gehört eine *Fremdwahrnehmung* dazu, die sich in den oben genannten beispielhaften Äußerungen zeigt. Beides kann zu großer Unzufriedenheit über das Selbst und zum Streben nach Idealen führen, die durch Werbung und Internetauftritte von Stars, Fitnessbloggern oder anderen Menschen mit einem scheinbar perfekten Leben und scheinbar perfekt geformten Körpern vermittelt werden.

Es gibt zahlreiche Internetangebote wie Apps, die Filter oder weitere Funktionen zur Verfügung stellen, um die eigenen Fotos vor dem Hochladen ins Internet zu bearbeiten. Vor allem (junge) Mädchen scheinen davon Gebrauch zu machen, doch auch Jungen eifern „Schönheitsidealen“ zunehmend nach. Neben dem Zwang die eigenen Fotos zu optimieren, kann dies auch weitere Probleme wie Essstörungen oder die Verminderung des Selbstbewusstseins nach sich ziehen und zu weiteren Fällen von Cybermobbing (vgl. vorhergehendes Kapitel) und negativer Kommunikation führen. Zwar gab es in jeder Generation Schönheitsideale, doch in Zeiten der Digitalisierung und einer „Bilderflut“ mit nie dagewesenen technischen Möglichkeiten der Bearbeitung sowie der Selbstinszenierung im Internet durch Selfies und das Teilen des eigenen Lebens mit zahlreichen Fotos haben diese noch einmal an Bedeutung gewonnen.

Um auf Bodyshaming aufmerksam zu machen, gibt es Kampagnen – vor allem von bekannten Frauen mit einer großen Reichweite in den sozialen Netzwerken –, die das Thema und mögliche Folgen in den Fokus der Öffentlichkeit rücken.

Ebenso wie andere Themen, die ein gewisses Konfliktpotential beinhalten, ist auch das Thema Bodyshaming eines, das von der Lehrkraft viel Fingerspitzengefühl und Sensibilität für die eigene Lerngruppe erfordert. Zwar werden die SuS mit den Funktionen zur Bildbearbeitung wie z. B. Filtern bereits vertraut und diverse Trends werden ihnen schon bekannt sein, doch auch hier gilt es zu beachten, dass viele SuS (vor allem in der Pubertät) möglicherweise mit dem eigenen Körper hadern und im Internet verbreiteten „Schönheitsidealen“ nacheifern. So kann es sein, dass einzelne SuS gegenwärtig mit solchen Problemen konfrontiert sind und Unterstützung benötigen. Auch hier gibt es Ansprechpartner und Materialien, die man als Lehrkraft mit einbeziehen sollte.

Aufgaben

KV 20, S. 56

Auf der Kopiervorlage finden sich fiktive Aussagen von zwei Jugendlichen (ein Mädchen und ein Junge) zu ihrem Nutzungsverhalten, verbunden mit Gedanken zu ihrem Selbstbild. Diese sollen von den SuS kritisch reflektiert werden und erfordern anschließend eine Positionierung.

Idee: Entweder können Sie die Klasse aufteilen, oder die SuS beschäftigen sich mit dem Beispiel, das ihrem eigenen Geschlecht entspricht. Auch ein Perspektivwechsel ist denkbar, sodass sich die Jungen Ihrer Lerngruppe mit dem Beispiel des Mädchens auseinandersetzen und umgekehrt.

Neben einer Stellungnahme, die an die fiktiven Jugendlichen gerichtet ist, können die SuS auch einen informierenden Artikel über das Thema für eine Jugendzeitschrift verfassen oder in einem Blogartikel auf mögliche Gefahren aufmerksam machen.

Datenschutz

Hinweise für Lehrkräfte

Ebenso wie Cybermobbing (vgl. das Kapitel in diesem Themenheft) gehört auch das Thema *Daten* zu den Streitpunkten, wenn es um das Internet geht. Datenschutz und Datensensibilität gehören nicht erst seit es die Datenschutzgrundverordnung (DSGVO) gibt zu den wesentlichen Aspekten der Internetnutzung, sie haben jedoch im Zuge der Digitalisierung immens an Bedeutung gewonnen. Auch im Schulalltag fernab vom Internet ist man als Lehrkraft immer wieder damit konfrontiert. Wenn man mit Jugendlichen hierüber spricht, zeigt sich bei ihnen häufig ein fehlendes oder zumindest eingeschränktes Bewusstsein dafür. Dies ist verbunden mit einer großen Freizügigkeit, was die Preisgabe der persönlichen Daten im Internet angeht. In der *JIM-Studie* (vgl. z. B. Kapitel „Normale Nutzung oder schon Sucht?“) aus dem Jahr 2011 wurden die SuS befragt, für wie viel Geld sie ihre privaten Daten an Dritte weiterverkaufen würden. Darauf haben circa 10 % geantwortet, dass sie ihr Profil für unter 100 € veräußern würden.

Auf vielen Seiten im Internet scheint es so zu sein, dass man sich mit seinen Daten gewisse Freiheiten erkaufen und beispielsweise kostenlose Angebote für eine Anmeldung mit den eigenen Daten nutzen kann. So erlaubt man vielen Apps mit der Installation und der Benutzung den Zugriff auf bestimmte Daten des Smartphones, etwa Kontakte aus dem Telefonbuch, Bewegungsprofile durch den eingebauten GPS-Sensor oder die weitere Auswertung von Inhalten.

Darüber hinaus hinterlässt man „digitale Fußspuren“ beim Surfen im Internet, anhand derer entsprechende Analyse-Programme Informationen auslesen und verwerten können. Algorithmen im Hintergrund sorgen dafür, dass Firmen detaillierte Aussagen über Nutzerinnen und Nutzer treffen können, was wiederum zu personalisierter Werbung führt oder auch in einen Weiterverkauf von Daten an Dritte münden kann. Auch der Umstand, dass verschiedene Apps zu einem einzelnen Konzern gehören (die bei Jugendlichen sehr beliebten Apps *Instagram* und *WhatsApp* gehören beispielsweise zu Facebook), kann dies begünstigen.

Es gibt zwar Hinweise seitens der Anbieter, doch das „Kleingedruckte“ wird häufig nicht gelesen, sondern arglos akzeptiert, ohne sich damit intensiv auseinanderzusetzen. In der Presse fand sich in der Vergangenheit beispielsweise ein Bericht, dass sich etliche Kunden eines britischen Internetanbieters dazu verpflichtet hätten, gemeinnützige Arbeit zu leisten (etwa die Reinigung von WCs), da der Anbieter einen entsprechenden Passus in seinen AGB verankert hat und dieser von den Kunden überlesen und somit akzeptiert wurde.

Möglich sind technische Vorkehrungen, mit denen man vergleichsweise anonym das Internet nutzen oder die Preisgabe der eigenen Identität im Detail umgehen kann. Als Beispiel hierfür seien sogenannte *Wegwerf-E-Mail-Adressen* genannt. Diese ermöglichen beispielsweise die Nutzung eines Angebotes, ohne die eigene private E-Mail-Adresse zu benutzen. Stattdessen greift man für die einmalige Nutzung auf eine fremde und temporäre E-Mail-Adresse zurück.

Auch bei digitalen Spielen gibt es Boni, wenn man zusätzliche Daten preisgibt oder die von weiteren Personen aus dem Familien- und Freundeskreis. Ein Extremfall ist das Hinterlegen von Zahlungsdaten, sodass Dritte Zugriff darauf haben. Von ungewollten Abbuchungen oder der Nutzung von privaten Daten für Werbezwecke oder auch für fragwürdige Zwecke (etwa Bestellungen mit fremden Daten) kann man häufig in der Presse lesen.

Daher ist es wichtig, dass man die SuS auch in diesem Themenbereich sensibilisiert, indem man auf Gefahren und mögliche Schutzmaßnahmen aufmerksam macht. Denn auch hier ist die Warnung **„Das Internet vergisst nicht(s)!"** (vgl. Kapitel „Cybermobbing") zu berücksichtigen.

Aufgaben (ohne KV)

Im Internet finden sich zahlreiche Zeitungsartikel zu diesem Thema. Ein Beispiel ist der Artikel „Social Scoring in China – im Reich der überwachten Schritte" von Felix Lee, der am 10.02.2018 in der Tageszeitung (TAZ) erschienen ist. Mithilfe dieses oder eines anderen Artikels können Ihre SuS sich zu dem Thema positionieren. Eine mögliche Aufgabenstellung könnte lauten:

Stell dir vor, die deutsche Bundesregierung überlegt öffentlich, auch ein System zum Social Scoring zu etablieren. Nimm schriftlich in einem Brief dazu Stellung. Begründe deine Position.

Idee: Ähnlich wie beim Thema Cybermobbing (vgl. Kapitel „Cybermobbing") finden Sie auch hierzu Materialien, die u.a. auch speziell für den Einsatz im Unterricht konzipiert sind, im Internet.

Normale Nutzung oder schon Sucht?

Fülle den Fragebogen aus.

Wie lange benutzt du täglich dein Smartphone?

Ungefähr ______ Minuten.

Legst du dein Handy tagsüber auch mal beiseite?

☐ Ja ☐ Nein

Hast du Angst, etwas zu verpassen?

Inwieweit wissen deine Eltern über deine Smartphone-Nutzung Bescheid? Gibt es Absprachen oder Regeln?

☐ Nein

☐ Ja, zum Beispiel: ______________________________

Greifst du morgens nach dem Aufwachen direkt zu deinem Smartphone?

☐ Ja ☐ Nein

Setzt du oder setzen deine Eltern dir Grenzen für die Nutzung?

☐ Nein ☐ Ja

Hältst du dich daran?

☐ Ja ☐ Nein

Wurde dein Smartphone schon mal eingezogen?

☐ Ja ☐ Nein

Kannst du dir vorstellen, für einen längeren Zeitraum auf dein Smartphone zu verzichten?

☐ Auf gar keinen Fall! ☐ Ja, und zwar für …

1 Tag

1 Jahr 1 Woche

1 Monat

Smombie =

Smartphone
+
Zombie

Kennst du Funktionen oder Apps auf deinem Smartphone, die deine Nutzung protokollieren?

☐ Nein ☐ Ja

Benutzt du sie?

☐ Ja ☐ Nein

Nach wie vielen Tagen hast du meistens dein monatliches Datenvolumen aufgebraucht?

Nach ______ Tagen.

Autor: Christoph Dröge · Mensch + Digitalisierung · ISBN 978-3-589-16672-5

Digitales Fasten

Name: ______________________________

Klasse: ______________

Ich ...

☐ ... **verzichte** vollständig auf:

☐ ... **reduziere** meine Benutzung von: ☐ ☐ ☐

Ich nehme mir folgenden **Zeitraum** vor:

☒ = *kreuze an!*

Hier kannst du zur Übersicht oder zur Selbstkontrolle jeden Tag abhaken, an dem du digital gefastet hast. Du kannst auch deine Eltern bitten, jeden geschafften Tag zu unterschreiben.

Wochentag / Woche	Montag	Dienstag	Mittwoch	Donnerstag	Freitag	Samstag	Sonntag
1							
2							
3							
4							
5							
6							

Folgende **Ausnahmen** habe ich mir erlaubt:
(Notiere das Datum und, wenn du möchtest, eine kurze Erklärung und/oder Begründung.)

1. ______________________________
2. ______________________________
3. ______________________________

Hast du es geschafft oder hast du das digitale Fasten abgebrochen?

Schreibe eine schriftliche Reflexion, in der du auf die Zeit zurückblickst und deine Erfahrungen dazu notierst. Du kannst auch erwähnen, ob es bzw. was dir leicht- oder schwergefallen ist und ob du dir vorstellen kannst, das digitale Fasten zukünftig zu wiederholen.

Autor: Christoph Dröge · Mensch + Digitalisierung · ISBN 978-3-589-16672-5

Cybermobbing – Was ist das und was kann man dagegen tun?

Fülle den Bogen aus.

Was verbindest du mit dem Begriff Cybermobbing?
Notiere eine Definition sowie Beispiele.

Hast du schon einmal mitbekommen, dass jemandem in deinem Umkreis Cybermobbing widerfahren ist?

Überlege dir, was man tun kann, wenn man selbst Opfer von Cybermobbing wird oder wenn man derartige Vorfälle beobachtet.

Autor: Christoph Dröge · Mensch + Digitalisierung · ISBN 978-3-589-16672-5

Wie zwei Jugendliche das Internet erleben

Wähle eine der beiden Aussagen. Versetze dich in die Lage von Tabea oder Patrick und versuche, ihre Gedanken nachzuvollziehen. Was würdest du ihnen jeweils raten? Schreibe eine E-Mail, in der du ihnen Ratschläge gibst.

„Ich liebe mein Smartphone und vor allem die vielen coolen Apps. Man kann immer sehen, was seine Freunde so machen, und man kann auch selbst zeigen, wie das eigene Leben aussieht. Ich poste oft Fotos von mir – entweder Selfies oder ich bitte jemanden, schnell ein Foto von mir zu machen. Wobei, so schnell geht das meistens gar nicht: Man muss einen passenden Hintergrund finden, dann den richtigen Winkel und auch das Licht muss passen. Oft mache ich ganz viele Fotos auf einmal und wähle dann das Beste aus. So oder so: Bevor ich es hochlade, schaue ich es mir erst einmal in Ruhe an und bearbeite es. Mir gefallen die ganzen Filter sehr und man kann noch eine Menge aus den Bildern rausholen, auch wenn das manchmal ganz schön lange dauert. Ich würde niemals ein Foto von mir hochladen, auf dem ich blöd aussehe oder wenn ich in Jogginghose irgendwo zuhause bin. Meine Freundin ist noch extremer. Sie schminkt sich teilweise extra, bevor sie ein Foto macht. Außerdem sehen ihre Fotos manchmal sehr künstlich aus. Aber ich kann sie verstehen – schließlich möchte man ja gut aussehen und nur schöne Fotos von sich und seinem Leben zeigen. Ich bin aber auch gar nicht so hübsch wie andere Mädchen, finde ich. Ich habe so viele Freunde in den Sozialen Netzwerken – das wäre superpeinlich, wenn sie mich auslachen oder fiese Kommentare schreiben würden. Außerdem muss man ja schauen, dass man viele Likes bekommt – am liebsten so viele wie die ganz berühmten Menschen im Internet. Aber das wird wohl bei mir noch lange dauern."

(Tabea, 14 Jahre)

„Mein größter Traum ist es, mit Videos im Internet berühmt zu werden. Ich schaue mir jeden Tag viele Stunden Videos von anderen an, die es schon geschafft haben. Sie sind echt berühmt und es folgen ihnen superviele Menschen und ihre Videos haben Millionen an Klicks. Außerdem bekommen sie ganz viele Geschenke von Firmen, zum Beispiel die komplette technische Ausstattung, und alles ist neu. Mein Taschengeld reicht da leider nicht aus und ich habe nur den alten Computer von meinem großen Bruder. Ich habe auch mal probiert, selbst Videos zu drehen, wie ich das neue Computerspiel gespielt habe, und ich habe das im Internet hochgeladen. Manchmal habe ich auch meinen Alltag gefilmt und gezeigt, was ich so mache. Das dauert alles echt lange und die Videos sahen bei mir überhaupt nicht so aus wie die von den Stars. Es hat sich kaum jemand die Videos angesehen und wenn, dann haben die immer so blöde Kommentare unten drunter geschrieben – dass ich das besser lassen soll und ich eh nichts kann. Außerdem waren da ein paar Beleidigungen dabei, die ich aber schnell gelöscht habe, weil die total fies waren und sich über mein Aussehen lustig gemacht haben. Ich meine: Was hat mein Äußeres damit zu tun?
Ich bin mir gerade echt unsicher, was ich machen soll. Vielleicht wünsche ich mir zum Geburtstag eine neue Kamera und alles, was man braucht, und dann versuche ich es noch einmal."

(Patrick, 16 Jahre)

Autor: Christoph Dröge · Mensch + Digitalisierung · ISBN 978-3-589-16672-5